历史的 丰碑 丛书

科
学
家
卷

控 制 论 之 父
维 纳

赵树智 编著

吉林人民出版社

图书在版编目（CIP）数据

控制论之父——维纳／赵树智编著．--长春：吉
林人民出版社，2011.4（2021.8 重印）
（历史的丰碑丛书）
ISBN 978-7-206-07657-2

Ⅰ．①控… Ⅱ．①赵… Ⅲ．①维纳，N.（1894～
1964）—生平事迹—青年读物②维纳，
N.（1894～1964）—生平事迹—少年读物 Ⅳ.
① K837.126.11-49

中国版本图书馆 CIP 数据核字 (2011) 第 037163 号

控制论之父 维纳

KONGZHILUN ZHI FU WEINA

编　　著:赵树智
责任编辑:刘　涵　　　　　　封面设计:孙浩瀚
制　　作:吉林人民出版社图文设计印务中心
吉林人民出版社出版 发行(长春市人民大街7548号　邮政编码:130022)
印　　刷:北京一鑫印务有限责任公司
开　　本:787mm×1092mm　1/16
印　　张:8　　　　　　　字　　数:72千字
标准书号:ISBN 978-7-206-07657-2
版　　次:2011年4月第1版　　印　　次:2021年8月第2次印刷
定　　价:35.00 元

如发现印装质量问题,影响阅读,请与出版社联系调换。

编者的话

"欲知大道，必先为史"。

回溯人类的足迹，人们首先看到的总是那些在其各自背景和时点上标志着社会高度和进步里程的伟大人物。他们是历史的丰碑，是后世之鉴。

黑格尔说："无疑，一个时代的杰出个人是特性，一般说来，就反映了这个时代的总的精神。"普希金说："跟随伟大人物的思想是一门引人入胜的科学。"

以史为鉴，面向未来。作为21世纪的继往开来者，我们觉得，在知史基础上具有宽广的知识结构、开阔的胸襟和敏锐的洞察力应是首要的素质要求，而在历史的大背景中追寻丰碑人物的思想、风范和足迹，应是知史的捷径。

考虑到现代人时间的宝贵，我们期盼以尽量精短的篇幅容纳尽量丰富的信息，展现尽量宏大的历史画卷和历史规律。为此，我们编撰了这套丛书。

编撰丛书的过程，也是纵览历代风云、伴随伟人心路、吸收历史营养的过程。沉心于书页，我们随处感受着各历史时期伟大人物所体现的推动历史进步的人类征服力量。我们随着伟人命运及事业的坎坷与辉煌而悲喜，为他们思想的深邃精湛、行为的大气脱俗而会意感慨、拍案叫绝。

然而，在思想开始远游和精神获得享受的同时，我们也随之感受到历史脚步的沉重和历史过程的曲折。社会每前进一步都是艰难的，都伴随着巨大的痛苦和付出。历史的伟大在于它最终走向进步，最终在血污中诞生了鲜活的"婴孩"。

历史有继承性和局限性，不能凭空创造。伟人也有血肉，他们的思想、行为因此注定了同样具有历史的局限性和阶级的、时代的烙印；他们的功业建立于千千万万广大人民群众伟大创造的基础上。历史是人民群众创造的，伟大的人物们是历史和时代造就的。同时，我们也无法否定此间他们个人的努力。这也正是我们编撰这套丛书的目的。

我们期盼着这套丛书得到社会的认同，对读者，特别是青少年读者之历史感、成就感和使命感的培养有所裨益。史海浩瀚，群星璀璨。我们以对广大青少年读者负责的精神，精心遴选，以助力青少年成长进步，集结出版了《历史的丰碑》系列丛书，敬请读者批评、指正。

编 委 会

策　划： 胡维革　吴铁光
　　　　　林　巍　冯子龙
主　编： 胡维革　邢万生
副主编： 贾淑文　谷艳秋
编　委： （按姓氏笔画为序）
　　　　　于二辉　刘士琳
　　　　　刘文辉　孙建军
　　　　　李艳萍　吴兰萍
　　　　　杨九屹　隋　军

诺伯特·维纳是美国著名数学家，被尊称"控制论之父"。他14岁上大学，18岁获哲学博士学位，通晓十国语言，是现代科学史上有名的少年早慧者。

　　维纳在科学上的最大贡献是创立控制论。他认为，在科学发展上可以得到最大收获的领域，是各种已经建立起来的部门之间的被忽视的无人区。他本人正是在数学、生物学、自动化理论、神经生理学等多种学科的交叉地带创立了控制论。控制论不仅在工程技术、生物学、医学、经济学、社会学、法学、教育学、管理学等科学技术各个领域有着广泛应用，而且为人们认识和改造世界提供了崭新的现代科学方法，促进了人类思维方式的变革。

目　录

历史的丰碑丛书

兴趣广泛的神童

> 有重要的独创性贡献的科学家，常常是兴趣广泛的人，或者是研究过他们专修学科之外科目的人。
>
> ——贝弗里奇

在维纳的童年和青年时期，给他影响最大的是他的父亲，哈佛大学斯拉夫语言和文学教授利奥·维纳。利奥·维纳出身于犹太家庭，身材矮小，精力充沛，感情深沉，思想活跃，反应敏捷，遇事喜欢发表自己的看法。他对数学也很感兴趣，而且表现出很高的数学天赋。利奥出生于俄国，少年早慧，13岁就会好几种语言，青年时代就富于冒险精神，不畏艰难，喜欢一个人独闯世界。18岁那年，他离家出走，单独一人漂洋过海，移居美国。在这个陌

→童年时代的维纳

生的世界，他刻苦自学，很快就掌握了40多种语言，凭借他的语言能力和横溢的才智，他被聘为哈佛大学斯拉夫语教授。父亲的才华，在儿子的身上得到了充分的发挥和升华，而且儿子的聪明才智远远地超过了父亲。

维纳从小就是在父亲的熏陶下成长起来的，他在二三岁时就喜欢和书籍打交道，4岁时能独立看书。父亲书房里的几千本藏书，像磁石一样强烈地吸引着他。他一钻进父亲的书房就忘记了一切，一心扑在书本上。各种书他都喜欢读，从生物学到精神病学，从物理学到化学，从数学到逻辑学，从法文到拉丁文，从科学

← 哈佛大学

幻想小说到世界文学名著等，几乎无所不读，就连父亲很少过目的神学书、出土文物报告和汉语词典，他都兴趣十足地拿来翻看。维纳在其著作《我是一个数学家》中回忆道："打从孩提时期起，我就对周围的世界发生兴趣，对世界的本性抱有极大的好奇心。我4岁就学会阅读，几乎从那时起我就埋首于五花八门的科学读物。"

父亲早就发现了儿子的天赋，看出儿子是一个名副其实的神童，于是决心把他培养成一个有造就的人。父亲对儿子的训练是相当严格的，他亲自承担起教育儿子的职责，常常为了儿子的一点小错，就毫不客气地大声训斥，并强迫儿子马上改正，否则就会大发雷霆，甚至随口骂出"蠢驴""傻瓜""畜生"等粗话。维纳回忆道："父亲的要求是严格和令人痛苦的；但是，由于我完全理解父亲的正直和智力，所以也就忍受下来了。"

父亲的严格训练和儿子的好奇心、上进心，正好形成一股向上的合力，维纳潜在的才华日益显露出来。5岁那年，他在学习代数时，忽然被ＡＢ＝ＢＡ的交换律吸引住了。他想独自证明它，他的思路简单而独到。他画了一个矩形，长为Ａ，宽为Ｂ，然后旋转90°，使得长为Ｂ，宽为Ａ，面积仍然不变，于是证得ＡＢ＝ＢＡ。

到了7岁那一年，父亲决定将儿子送到学校进行系统学习。当地最有名望的小学是皮博迪小学，这个小学历来以未来科学家的摇篮而闻名远近，每年以十分严格的入学考试，从一大批报考少年中选拔智慧出众的新生入学。父亲自然希望自己的儿子到这所小学

← 相片上年轻的维纳

→ 麻萨诸塞州的首府波士顿

求学，受到最好的教育。

新生入学需要面试，由校长亲自主持，面试内容有朗读、书写、做算术以及其他一些考查智力强弱的问题。别的孩子在这种场合下，大都十分紧张，如临大敌，不敢有丝毫的松懈情绪。可是轮到维纳上场时，他却不以为然，甚至漫不经心地看着窗外的花园。教师每问一道问题，维纳几乎都不假思索地脱口说出答案。看来，对于维纳来说，这些问题过于简单了。为了考查维纳的实际知识水平，主考教师只好打破常规，问一些中学教材中的问题。考查的结果使校长和主考教师十分吃惊，这个看上去有些笨拙的男孩，却是个智力超群的"神童"，他已完全掌握了整个中学的知识，包括数学、物理、化学、语言学、生物学、法文、拉丁文等各个方面。

面对这样一位智力超群而又有广博知识的科学"神童"，校长很难做出决定让这位"神童"到几年级去学习。经过反复考虑，校长决定把维纳安插在四年级。入学没几天，维纳就和任课老师闹僵了，原因在于他不喜欢枯燥刻板的算术运算，更不愿做重复性的运算练习。老师当众批评他，使维纳非常反感，于是他逃学了。

父亲很理解儿子的心情，维纳特有的想象天赋，在死板的算术运算中是得不到满足的，只有抽象而又富有灵活性的代数，才能深深吸引他。父亲决定让儿子退出学校，仍然由他自己指导，学习一些较为高深些的知识。4年后，在父亲的精心指导下，维纳已具备进大学学习的条件。

←波士顿街景

1905年秋，遵照父亲的意愿，11岁的维纳进入塔夫茨学院专攻数学。入学的那一天，父亲严肃地反复叮嘱儿子，不要贪玩，不要三心二意，要专攻数学，将来成为一名数学家。父亲之所以让儿子专攻数学，在数学上成为有造诣的人，除了他深深了解数学的价值以外，还因为他本人对数学历来感兴趣，自己没能走数学创造这条路，希望儿子来实现自己的夙愿。

数学系的兰塞姆教授受维纳父亲的委托，对维纳的学习格外关照，除了按教学计划设置的课程，他还亲自指导维纳学习方程论，这门课程还不是学生们按部就班学习的数学理论，远远超出了维纳的知识水平。对于系里按部就班设置的课程，维纳毫不费力就能掌握，因为他的数学知识早就超过了大学一年级学生的水平。就是方程论这门应当在高年级设置的课程，也没有难倒维纳，很快他就学完了这门课程。也许正是由于所学的课程对维纳来说太简单了，再加上他从小就对世界上各种现象有广泛的兴趣，他很快就把兴趣和精力从数学转向了别的专业。对此，兰塞姆教授对维纳的父亲说："数学捆不住您儿子的心。"

大学三年期间，维纳不断变换着兴趣，绝大部分时间和精力都没有放在数学上，而是"外流"到其他专业了。第一年"外流"到了物理学和化学，他经常钻进物理实验室或化学实验室，有时试着制造静电变压器，有时做有机化学试验，而且是那样专心致志，如同是物理系和化学系的学生。

第二年，维纳又把兴趣转向了哲

← 斯宾诺莎

学，他十分欣赏斯宾诺莎关于伦理学的精辟见解，更被莱布尼茨在哲学和数学上的多才多艺所吸引。在这期间，他阅读了一大批哲学著作，从中汲取了丰富的思想营养，为他后来的科学活动奠定了必要的哲学基础。

第三年，维纳又被生物学迷住了。在儿童时代，维纳通过阅读父亲的藏书就了解到许多关于动物和人体构造方面的知识，对细胞的有丝分裂、卵子和精子的减数分裂等问题抱有浓厚兴趣。塔夫茨学院的生物学博物馆和生物实验室，成为维纳涉足科学领域的重要目标。他和生物实验室看门人兼动物饲养室管理员相处得很好，这个矮小又富有风趣的老头很喜欢维纳，对他格外关照，有时破例放维纳进实验室做点动物实

→莱布尼茨

验。维纳还常常随生物系的学生出外采集标本，学习收集蛙卵和海藻等。

有一天，维纳读完本院著名生物学教授金斯利的脊椎动物比较解剖学之后，很想做一次完整的解剖实验。他找到金斯利教授，请求给予支持，教授认为维纳还不具备做解剖实验的基本素养，所以没有答应。强烈的好奇心驱使维纳决定冒一次风险。他约了两位同学，从实验室看门老头那儿要了一头豚鼠，偷偷地溜进解剖室。他想做一次动脉结扎和缝合试验，使血液重新循环，以验证解剖学课本上讲的知识。可是，由于手忙脚乱，手术中他忘记了注射麻药，可怜的豚鼠活活痛死了。这下子可闯了大祸，因为不打麻药进行活体解剖被认为是一种犯罪行为，如果让外界知道，很可能实验室被取消解剖权。金斯利教授得知此事大发雷霆，他逼着维纳在生物系认错，并保证今后再也不走进实验室的大

门。生物系主任亲自起草了一份给维纳父亲的告状信，述说他儿子的胡作非为。维纳的父亲虽然对儿子的行为很生气，但他毕竟理解儿子的心情。为了确定儿子是否有从事生物学的能力，他请好友、哈佛大学生物系帕克教授对儿子的能力做一次鉴定。帕克教授让维纳解剖几条小鱼，看到维纳解剖时手忙脚乱的样子和手术台上乱七八糟的摆放，耐心地劝说维纳："孩子，你显然不适合从事这一类实验科学。"教授又告诫维纳，他的深度眼镜是"实验科学的天敌"。

维纳从塔夫茨学院数学系毕业后，仍然没有轻易放弃对生物学的浓厚兴趣，按照自己的意愿考进哈佛大学研究生院学习动物学。可是，他在做动物实验时

往往不能耐心完成精细的操作程序，他的笨手笨脚严重干扰了他的学习以及实验的正常进行，他几乎成为实验室的累赘了。这一次，维纳的父亲断然决定，中止儿子学习生物学，向康奈尔大学申请哲学奖学金，攻读哲学。维纳学完康奈尔大学一年的哲学课程，又回到哈佛大学以数理逻辑课题攻读哲学博士学位。1913年，18岁的维纳获得哈佛大学的哲学博士学位。

维纳是在19世纪末、20世纪初完成从小学到大学的学习阶段的，当时科学仍然处在以分化为主的时期，人们所接受的仍然是传统的单学科教育，因而对维纳这样的跨学科的"神童"社会上并无人欣赏，有人甚至把维纳多变而广泛的科学兴趣误解成"畸形的智力发展"。然而，正是这个社会不需要的"智力畸形儿"，后来成为交叉科学时代的佼佼者，在现代科学综合化的强大潮流中大显身手，创立了控制论这门崭新的横断性科学。

相关链接
XIANGGUAN LIANJIE

哈佛大学

哈佛大学（Harvard University），是一所位于美国马萨诸塞州剑桥市的私立大学，常春藤盟校成员之一。1636年由马萨诸塞州殖民地立法机关立案成立，迄今已是美国历史最悠久的高等学府，也是北美第一间和最古老的法人机构。该校与邻近的麻省理工学院在世界上享有一流大学的声誉、财富和影响力，在英语系大学的排名尤其突出。在2008年哈佛大学商学院，MBA（全称为 Master of Business Administration，即工商管理硕士）教育被评为世界第一MBA教育学院。

相关链接
XIANGGUAN LIANJIE

塔夫茨大学

塔夫茨大学建于1851年，位于马萨诸塞州的梅德福，是一所综合性私立大学，现有学生8 000多人。

塔夫茨大学的办学原则是以质取胜、注重革新。从学生录取、教师的教学到学术研究、教学和科研设施的建立以及对教师的业绩评估等，塔夫茨大学都设立了严格的质量标准，并因其出色的教学和研究而享誉世界，在2000年《美国新闻与世界报道》杂志的美国大学综合排名中位居第29名。

相关链接
XIANGGUAN LIANJIE

斯宾诺莎

斯宾诺莎(1632年11月24日—1677年2月21日)西方近代哲学史上最重要的一名理性主义者之一,与笛卡尔和莱布尼茨齐名。

斯宾诺莎出生于阿姆斯特丹的一个从西班牙逃往荷兰的犹太家庭。他的父母亲以经营进出口贸易为生,生活颇为宽裕,斯宾诺莎也因此得以进入当地的犹太神学校,学习希伯来文、犹太法典以及中世纪的犹太哲学等。他也接受了拉丁语

的训练，而正是凭借着拉丁语，斯宾诺莎得以接触笛卡尔等人的著作。他也由此渐渐脱离所谓正统的学说范围，并最终在24岁时被逐出了犹太教会堂。他最后搬出犹太人居住区，以磨镜片为生，同时进行哲学思考。斯宾诺莎此后一直过着隐居的生活。1673年有人提供他到海德堡大学哲学系的教职，不过被斯宾诺莎婉拒。由于长时间的饮食不规律，营养不良，他的健康状况逐年恶化。1677年，在与病魔一场激烈的交战之后，他倒下了，最终倒在了45岁的边缘上。

斯宾诺莎的著作中最伟大的莫过于《几何伦理学》(Ethica Ordine Geometrico Demonstrata，简称《伦理学》)，该著作一直到斯宾诺莎死后才得以发表。

相关链接
XIANGGUAN LIANJIE

莱布尼茨

莱布尼茨（1646年7月1日—1716年11月14日），德国最重要的自然科学家、数学家、物理学家、历史学家和哲学家，一位举世罕见的科学天才，和牛顿同为微积分的创建人。他的研究成果还遍及力学、逻辑学、化学、地理学、解剖学、动物学、植物学、气体学、航海学、地质学、语言学、法学、哲学、历史、外交等等，"世界上没有两片完全相同的树叶"就是出自他之口，他还是最早研究中国文化和中国哲学的德国人，对丰富人类的科学知识宝库做出了不可磨灭的贡献。

去欧洲深造

> 正确的道路是这样：吸取你的前辈所做的一切，然后再往前走。
>
> ——托尔斯泰

→年青时期的维纳

维纳获得哲学博士学位以后，哈佛大学颁发给他出国奖学金。19世纪初，世界数学的优势在英国、法国和德国等欧洲国家，维纳决定去英国剑桥大学和德国哥廷根大学留学深造。首先是剑桥大学罗素的巨大声誉吸引了他，他给罗素写了自荐信，表示要在他门下求学。罗素在当时是享有盛名的哲学家、数学家和逻辑学家。1903年，31岁的罗素提出了著名的集合论悖论——"罗素悖论"。这个悖论可表述如下：

用M表示由一切包含自己为元素的那些

类所构成的类，即 M = $\{x \mid x \in x\}$；用 N 表示由一切不包含自己为元素的那些类所构成的类，即 N = $\{x \mid x \bar{\in} x\}$。由于 N 本身也是一个类，由此去考虑 N 是属于 M 还是属于 N？

如果 N 属于 M，则由 M 的定义可知 N 属于自身，即 N∈N，依据形式逻辑的排中律，M 和 N 是互相排斥的两种类，由此产生矛盾。

如果 N 属于 N，则由 N 的定义可知 N 不属于自身，即 N$\bar{\in}$N，这又是一种矛盾。

总之，不管 N 属于 M，还是 N 属于 N 都会导致矛盾。

这就是数学史上著名的"罗素悖论"。

后来，罗素又用"理发师悖论"通俗而形象地阐述了这个悖论：

一个乡村理发师，自夸无人可与相比，他宣称自己不给自己刮脸的人刮脸，但却给所有自己不刮脸的人刮脸。有一天他发生了疑问，他是否应当给自己刮脸？要是他自己给自己刮脸，那么按照他声明的前一半，他就不应该给

自己刮脸；但是要是他自己不给自己刮脸，则按他声明的后一半，他又必须给自己刮脸。于是这个理发师陷入了逻辑困境。

罗素的悖论简单明了，而且直接涉及集合论的最基本概念：元素、集合、属于等。集合论又是整个数学大厦的基础，罗素悖论的提出使数学的基础发生了危机，因此引起学术界极大的震动。罗素还是逻辑主义派的代表人物，这个学派为挽救数学基础的危机做出了种种努力，在学术界很有影响。

接到维纳的自荐信，罗素很快做出了回答，表示欢迎这位美国青年的到来。接到罗素表示欢迎的回信之后，维纳欣喜若狂，一家人连夜收拾行李，陪着他一起离开美国。到达英国后，父亲陪着维纳去剑桥拜见罗素，母亲带着弟弟和妹妹去德国的慕尼黑过冬。

维纳生平第一次与世界第一流的科学

家坐在一起探讨问题，他很快感觉到，罗素的思想极为开阔，思路清晰，对问题的看法观点新颖，讲课时语言流畅，动作姿态优雅，富有吸引力，不愧是个大学问家。有一天，罗素把维纳叫到剑桥三一学院他

← 罗素

自己的办公室，询问维纳真正的兴趣和志向。维纳在这位大师面前诉说了自己的学习经历，特别是那段使他终生难忘的攻读生物学博士而又不得不中止学习，转向攻读数理逻辑博士学位的经历。

听完维纳的诉说和苦衷，罗素严肃而耐心地劝告维纳，哲学可以使人们的眼光放宽，思想开阔，并且能使人们的思想从习俗的压制中解脱出来，还可以使人们永远不满足于常人的经验认识或科学家现有的认识，激励人们去探求更高深的知识。罗素还告诫维纳，一个专攻数理逻辑和数学哲学的人应该懂得更多的哲学知识。

在罗素的启发指引下，维纳完成了好几篇数理逻辑方面的论文。受罗素的影响，维纳开始关心物理学

前沿的进展，包括爱因斯坦的相对论。在维纳一生的科学生涯中，罗素是个极重要的引路人。维纳后来在数学、物理学、工程学的结合点上做出了卓著成就，其思想渊源可追溯到罗素的启蒙。

维纳在罗素那里不仅学习和研究数理逻辑，而且还学习罗素推荐给他的其他课程，包括一些高等数学的课程。指导维纳学习高等数学的是青年数学家哈代。当时哈代是剑桥大学的一名讲师，后来成为英国数学界的泰斗。哈代是一个腼腆的、不愿抛头露面的人，诲人不倦而又乐于助人。他讲课清晰、严谨，善于启发学生思考问题。维纳十分喜欢听哈代的课，把他看作是自己的良师益友。经哈代的指导，维纳彻底掌握了高等数学的复杂的逻辑，为后来的数学创造奠定了坚实的方法论基础。

哈代介绍维纳研读勒贝格积分，这在当时是不太容易理解和掌握的数学理论。勒贝格积分是由法国数学家勒贝格创立的一个新的数学理论，也是一个与传统数学观念相冲突的数学理论。传统的数学分析理论，基本上是处理连续函数的，但是随着数学的深入发展，人们发现仅仅研究连续函数是不够的。比如积分，传统积分理论认为被积函数必须是连续的，不连续函数不可求积分。那么，能否改变传统积分的定义，对不连续的函数求积分？绝大多数的数学家认为是不可能的，因为这违反数学的法则，而且与人们的经验认识相悖谬。可是，勒贝格却一反常规，大胆地改变了传统黎曼积分的定义，创造性地提出了勒贝格测度概念，并以此概念为基础建立了以他的名字命名的一种新的积分理论——勒贝格积分。

同科学史上许多重大发现一样，勒贝格以及他的积分理论遭到保守数学家的讽刺与攻击，被称为科学中的"祸害"，毫无用途的"纯智力游戏"。勒贝格从1902年发表积分新思想的论文《积分·长度·面积》，一直到1910年才逐渐得到学术界的理解和支持。1913年维纳受哈代的启发学习勒贝格积分时，勒贝格积分正处于蓬勃发展时期，维纳一下子就被这门极富创新思想的数学理论吸引住了。他认为这是研究复杂现象的一种重

← 哈代

→勒贝格

要工具，在哈代的指导下，他深入地研读了有关勒贝格积分的论文和专著，他后来的许多科学成就都曾得益于勒贝格积分。

维纳的标新立异的科学精神，使他和哈代的关系十分微妙，他既尊崇哈代，把哈代视为一代名师，又不受哈代思想的束缚，善于和敢于走自己的路。哈代崇尚纯数学的研究，轻视应用数学，他的研究成果大都是纯数学方面的，极少涉及数学的应用。维纳却不然，他坚持立足数学的应用，认为离开物理意义的启发，只受纯粹抽象和逻辑思维的支配，必然要导致数学和科学的衰退。正是维纳的这种思想，使他把勒贝格积分用于概率论和统计学研究，而后两门理论又与物理学有着十分紧密的联系，是应用数学的重要组成部分。用维纳自己的话说："概率论和统计学大约处于物理学和数学交会的中间地带，而就是在这个中间地带，我终于做出了令人满意的成就。"

1914年春，正值第一次世界大战即将爆发，罗素应邀去美国讲学，把维纳推荐到德国哥廷根大学去继续深造。当时，哥廷根大学以世界数学的中心闻名于世，最伟大的数学巨人希尔伯特在那里任教。"打起背包，到哥廷根去"已成为有志数学事业的青年人的最大愿望。来到哥廷根后，维纳从师于希尔伯特门下。

希尔伯特是一位温文尔雅、诚挚谦逊的良师，他不断地向现代数学各个领域中的许多难题挑战，在每个领域中都作出了重大贡献。他创建和领导了一个数学学派——希尔伯特学派，这个学派以数学的形式主义观点而称著于世，并对现代数学的发展产生深远影响。1900年，希尔伯特在第二届国际数学家代表大会上，发表了著名的"数学问题"的讲演，在讲演中提出23个尚未解决的重要问题，通常称为"希尔伯特23个问题"，号召数学家们去研究和解决。在希尔伯特那里，维纳深入研究了数理逻辑、调和分析等理论，亲

← 哥廷根大学

身体验了哥廷根的科学传统——数学和物理学的有机结合，这个优秀的科学传统在维纳后来的科学工作中明显地体现出来。

哥廷根确实是"数学的麦加"，这里云集了一大批来自世界各地的青年数学家。哥廷根大学的数学俱乐部，就是青年学生和青年数学家每周定期聚会的场所。数学俱乐部是哥廷根大学开展数学思想交流活动最活跃的地方，这里的聚会完全是一种自发性的，没有明确的负责人，也没有任何固定的组织形式。参加者除了青年学生、青年讲师，还有教授。希尔伯特是数学俱乐部活动的积极参加者，几乎是每会必到。他的到来，为俱乐部倍增光彩，也使讲演者受到严格的考查。希尔伯特喜欢向讲演者提出各种问题，并且常常是打破砂锅问到底。他要求数学讲演必须体现数学所固有的特色，高度简明清晰，逻辑严谨。维纳在数学俱乐部学到了许多课堂上和书本中学不到的东西，他认为这种学习方式要比坐在课堂上或图书馆的阅览室好得多。在1924年重访哥廷根时，

→希尔伯特

他曾在数学俱乐部报告过自己关于调和分析方面的研究成果，希尔伯特也在场。他在自传中用了十几页篇幅来叙述他在哥廷根的这次讲演。

1915年初，第一次世界大战爆发，德国的潜艇战严重威胁着邻国的海运安全，于是父亲把维纳召回家去。

将近两年的欧洲之行，使维纳终身受益。从数学名师身上，他不仅学到了数学知识，掌握了数学的前沿动态，而且深刻认识到科学的巨大力量和创造性思维的重要性，取得了从事科学研究的经验，激发了立志献身数学的热情。在欧洲的这段时间，维纳曾发表几篇数学论文，其中1913年发表在《剑桥哲学学会会刊》的一篇关于集合论的论文，在数理逻辑史上占有一席之地。剑桥和哥廷根之行，标志着维纳开始从一个神童成长为富有创造力的青年数学家。

← 剑桥大学

相 关 链 接

XIANGGUAN LIANJIE

罗　素

罗素（1872 年 5 月 18 日—1970 年 2 月 2 日）出生于英国威尔士的一个贵族家庭，祖父约翰·罗素勋爵在 1840 年代曾两次出任英国首相，父亲安伯雷子爵是一名无神论者。罗素的母亲也出生贵族，她在罗素 2 岁时便去世了，两年后，罗素的父亲也去世。在双亲去世后，罗素和他的哥哥富兰克·罗素就由祖父母抚养长大。与当时其他上流社会的子女一样，罗素由家庭教师专门教授。

1890 年罗素进入剑桥大学三一学院学习哲学、逻辑学和数学，1908 年成为学院的研究员并获选为英国皇家学会院士。1920 年罗素访问俄国和中国，并在北京讲学一年，与美国人文哲学家杜威同时间在中国讲学。

罗素最早对数学产生兴趣，然后才逐渐转向

哲学方面，因此他在数学方面也有很多重要的建树。在数理逻辑方面，罗素提出了罗素悖论。罗素在1900年便认识到，数学是逻辑学的一部分。1910年，他和他的老师阿弗烈·诺夫·怀海德一起发表了三卷本的《数学原理》，在其中对这一概念做了初步的系统整理。

哲学上罗素最大的贡献是和G·E·摩尔、弗雷格、维特根斯坦和怀特海一起创立了分析哲学，此外他还在认识论、形而上学、伦理学、政治哲学和哲学史方面做出过贡献。在剑桥大学时罗素信奉唯心主义和新黑格尔主义，但是在1898年在摩尔的影响下罗素放弃了唯心主义，转而研究现实主义，并很快成为"新现实主义"的倡导者。罗素此后始终强调现代逻辑学和科学的重要性批判唯心论。

相关链接

哈 代

哈代，1877 年 2 月 7 日生于英国克兰利，1947 年 12 月 1 日去世。哈代在童年时代就显示出数学的机敏，在克兰利中学接受早期教育时，表现出在数论方面的早慧与多方面的才能。13 岁时，他获得奖学金进入当时以数学家摇篮而著称的温切斯特学院学习。1896 年又获入学奖学金进入剑桥大学三一学院继续深造，他的数学生涯从此与剑桥紧密联系起来。哈代很早就养成喜欢自由提问和探索的习惯，在剑桥开始学习时，他对于机械的授课模式不满，后来幸运地被允许转听应用数学家拉弗教授的课。这对于哈代后来成长为一名数学家至关重要。

哈代在大学学习期间成绩优异。1898 年，他参加了剑桥的数学荣誉学位考试，这是剑桥大学的传统之一，始于18世纪。哈代成为一等及格者，这主要得益于他平时在迅速解题方面的有效训练，但对传统极具反抗精神的哈代认为这种考试是没有意义的。1900年，他被选为三一学院的研究员，随后以极大的热情投入数学研究中，第二年与J·H·金斯共同获得了史密斯奖金。1906年他成为三一学院的讲师，直到1919年一直在那儿工作。1900年至1911年间哈代写出大量级数收敛、求积分及有关问题的论文，这些论文为他赢得了分析学家的声望。1908年，他的名著《纯粹数学教程》出版，这部教科书改变了英国大学中的教学状况。1910年，他当选为英国皇家学会会员。

哈代被誉为20世纪杰出的分析学家，他的数学贡献涉及解析数论、调和分析、函数论等方面。他一生著述颇丰，计有8部专业书籍和大约350篇论文，包括独著或合作的，全部在《伦敦数学会杂志》中列出，论文选从1966年开始在牛津出版了7卷，由伦敦数学会的成员校订，并附有注释。

相关链接
XIANGGUAN LIANJIE

希尔伯特

　　希尔伯特，德国数学家，1862年生于东普鲁士哥尼斯堡附近的韦劳。中学时代，希尔伯特就是一名勤奋好学的学生，对于科学特别是数学表现出浓厚的兴趣，善于灵活和深刻地掌握以至应用老师讲课的内容。1880年，他不顾父亲让他学法律的意愿，进入哥尼斯堡大学攻读数学。1884年获得博士学位，后来又在这所大学里取得讲师资格和升任副教授。1893年被任命为正教授，

1895年，转入哥廷根大学任教授，此后一直在哥廷根生活和工作，于是1930年退休。

在此期间，他成为柏林科学院通讯院士，并曾获得施泰讷奖、罗巴切夫斯基奖和波约伊奖。1930年获得瑞典科学院的米塔格－莱福勒奖，1942年成为柏林科学院荣誉院士。希尔伯特是一位正直的科学家，第一次世界大战前夕，他拒绝在德国政府为进行欺骗宣传而发表的《告文明世界书》上签字。战争期间，他敢于公开发表文章悼念"敌人的数学家"达布。希特勒上台后，他抵制并上书反对纳粹政府排斥和迫害犹太科学家的政策。由于纳粹政府的反动政策日益加剧，许多科学家被迫移居外国，曾经盛极一时的哥廷根学派衰落了，希尔伯特也于1943年在孤独中逝世。

希尔伯特是对20世纪数学有深刻影响的数学家之一。他领导了著名的哥廷根学派，使哥廷根大学成为当时世界数学研究的重要中心，并培养了一批对现代数学发展做出重大贡献的杰出数学家。

相关链接
XIANGGUAN LIANJIE

剑桥大学

剑桥大学位于英格兰的剑桥镇，是英国也是全世界最顶尖的大学之一。剑桥大学和牛津大学齐名为英国的两所最优秀的大学，被合称为"Oxbridge"，英国许多著名的科学家、作家、政治家都来自这所大学。剑桥大学也是诞生最多诺贝尔奖得主的高等学府，有80多名诺贝尔奖获得者曾经在此执教或学习，70多人是剑桥大学的学生。

剑桥大学主要由中央行政机构、科系和学院三个部分组成。科系负责向学生提供课程、组织

讲座，在监督委员会监督下进行研究和教学工作。剑桥大学是一所书院联邦制大学，由31所自治独立的学院组成，每个学院拥有独立的资产和资金来源。大部分学院的学者和学生来自不同的学术领域，但一些学院有特定的学术强项，例如冈维尔与凯斯学院的强项是医学和工程。

　　剑桥大学的设施也因此分作三个部分，例如图书馆，中央行政机构设立有剑桥大学图书馆，每个科系和学院都分别设有自己的科系图书馆和学院图书馆。

探索数学王国的奥秘

科学就是不断地认识，不仅是发现，而且是发明。

——鲁巴金

→印有维纳头像的邮票

从欧洲回到美国后，维纳深感到科学在美国受到重视的程度远远不如欧洲，尤其是数学。美国的数学家是一个"弱小的科学阶层"，社会上把他们看作是一些毫无用处的摆弄符号的人。负有远大科学抱负的维纳对祖国的科学落后深感痛心，他决心为振兴祖国的数学事业做出应有的一份贡献。

1915 年至 1916 年，经父亲的朋友奥古斯德的努力，维纳到哈佛大学数学系当实习讲师和助教。奥古斯德是哈佛大学数学系主任，早年曾在哥廷根大学求学，为人傲慢，在哈佛数学会的会议上总是摆出一副权威的架势。刚刚在欧洲沐浴到当代数学灿烂阳光的维纳，本想在哈佛大学这座国内享有盛名的名牌大学大显身手，集中全部精力去探索数学王国的奥秘。可是，有两件事情却使他不得不离开这座名牌大学。

一件事是受到哈佛大学伯克霍夫教授的冷遇和排挤。伯克霍夫是美国第一个完全在国内受教育的著名数学家，以研究微分方程和动力学而著称。他为人刻薄，不能容忍学术上的竞争者，他想成为数学分析领域中美国的头号数学家。为保持自己现有的地位并实现自己的愿望，他对自己的学术竞争者经常表现出不友好的态度。起先伯克霍夫还认为维纳是一个无足轻重的年轻人，没有引起自己什么注意。后来随着维纳逐渐

展现出才能和成就，成为伯克霍夫的潜在竞争者，伯克霍夫就表现出不满甚至排斥的情绪，常常给维纳制造一些麻烦，两人的关系变得愈来愈紧张。

另一件事是奥古斯德思想保守僵化，使维纳传播勒贝格积分遭到阻碍。1915年，勒贝格积分在美国数学界还没有得到普遍重视，不少数学家对这一新兴数学理论仍持否定态度，奥古斯德就是这样的数学家。作为哈佛大学数学系的主任，他不允许开设勒贝格积分课，认为这会造成数学秩序和原则的破坏。维纳认为，为使美国数学赶上世界先进水平，必须使青年学生掌握世界数学的前沿知识，包括勒贝格积分等新的数学理论。为此，他在讲授数学分析的课堂上，向学生介绍了勒贝格积分，并鼓励学生应用这个新的数学理论去分析和解决不规则图形的面积测度问题。奥古斯德知道这件事后，大发雷霆，他把维纳叫到办公室，指责维纳公开违抗他不准在课堂上讲授勒贝格积分的规定。当维纳和他争辩时，他大声喊道："不要忘记，你是凭什么才跨进堂堂哈佛校门的。要不是你父亲的面子，你能登上数学讲坛吗？"

维纳忍住满腹火气，他感到奇怪，堂堂哈佛大学数学系的主任，竟会是如此因循守旧、顽固自负的人。他优雅而讥讽地说："教授先生，您不能因为自己错过了发现勒贝格积分的机会，就不允许学生应用这项方法。"奥古斯德气急败坏地吼道："滚！马上给我滚出去！从今天起，你被解聘了！"维纳头也没回，离开了哈佛大学，这里毫无可恋之处，这里不是他探索数学王国奥秘的最佳场所。

事隔不久，维纳得到了麻省理工学院数学系讲师的职位，这给他的数学创造活动带来了极好的转机。数学系主任泰勒教授是一个矮小、活跃的人。他认为麻省理工学院是一所工科院校，数学只不过是完成工科教学的一个工具，数学系只是为其他专业系服务的部门，不能指望数学系出高水平的研究成果。但泰勒在思想上并不守旧，他也准备抓住任何机会来使他的系获得进步，他热心支持数学教师的研究工作，鼓励其他人在学术上超过自己。数学系同事的人际关系也是比较协调的，有好几个人热心于数学系的建设工作，他们希望有朝一日能使麻省理工学院数学系跻身于哈佛大学、普林斯顿大学数学系之列。

尽管麻省理工学院数学系不是数学人才济济的地方，没有数学名家做学术带头人，但对于这里良好的人际关系和学术气氛维纳却是满意的。他任教的课程排得很紧，一周超过20课时，但他仍能挤出不少时间从事数学研究工作。凭着他青春的活力和对数学的执

著之心，他终日在麻省理工学院度过，从上午9时到下午5时。在冷清的办公室里度过星期天，已成为他的最大乐事，因为在这一天几乎不存在任何干扰，他可以全心投入到数学研究中。

也就是以麻省理工学院为起点，维纳在探索数学王国奥秘的征途上开始取得一个又一个重大进展。他首先把眼光瞄向了数学和物理学的结合点，即物理的数学方法。

维纳在数学上的第一项重大成果是建立维纳测度和维纳积分。这项成果的生长点是从数学上研究布朗运动。18世纪，英国植物学家布朗在显微镜下观察了悬浮在液体中的花粉微粒的永不停止的无规则运动，此后人们就把各种微粒所做的永不停止的无规则运动

→麻省理工学院标志性建筑

称为布朗运动。

维纳在《我是一个数学家》中回忆道，他对布朗运动这一老问题的兴趣，是在眺望麻省理工学院附近的查尔斯河激发起来的。用他自己的话说就是：

学校的建筑物俯瞰着查尔斯河，从那里可以眺望那令人神往的地平线。变幻无常的河水总是那么赏心悦目。而对于作为一个数学家和物理学家的我，它们还别有一番意味。数学的最高使命不就是去发现无序中的有序，那么怎么能够使得对这奔腾不息的波浪的研究具有数学的规律性呢？波浪时而腾空而起，浪花四溅，时而变成依稀可辨的涟漪。波浪有时短至几英寸，有时则又长达好几码……这波浪的问题显然是个求平均值和统计的问题，因而也就同我当时正在研究的勒贝格积分密切相关。这样我终于发现，我正在探索的这个数学工具是适合于描述自然界的，我还越来越认识到，我必须从自然界本身来寻找这种语言和数学研究的课题。

为了揭示诸如波浪问题的统计规律，维纳深入研

究了19世纪末美国物理学家、化学家吉布斯在统计力学方面的论著。吉布斯对由大量微观粒子组成的系统的统计力学进行了研究，并取得重大成就，他提出的涨落思想对今日科学的发展仍然有着深远影响。维纳认为吉布斯的工作是对传统物理观的突破，有着重大而深远的科学与哲学意义。

由牛顿奠基的物理传统是决定论的，按照这种传统，从关于宇宙在某一时刻的完善知识，就可以推演出宇宙未来的全部知识，也就是说，知道事物的现在状态，就可以预言事物的未来状态。用这种传统解释查尔斯河水面上起伏运动的波浪，知道波浪中的那些微粒的现在的位置和速度，就能描绘出波浪以后的整个运动。维纳认为这是不可能的，牛顿的物理观只适合宏观物理运动，对微观物理运动的描述是失效的。维纳指出，诸如悬

→牛顿画像

浮在流体中的微粒、蜜蜂的飞行甚至酩酊大醉的醉汉的步履，其前一个位置及方向与后一个位置及方向毫无必然关系，而是一种统计平均关系。这就要运用吉布斯的统计力学理论。

研究布朗运动，在维纳的一生中是智力上的一个里程碑。他以勒贝格积分为工具，朝着比勒贝格自己所未讨论的更为复杂的系统扩展，从点平均理论向曲线平均理论发展。为此，他如饥似渴地阅读各种文献资料，特别是著名的《伦敦数学协会汇刊》，寻找同自己的兴趣和研究课题相关的成果，以充实自己的头脑，丰富自己的知识背景。

经过努力，维纳终于做出了使他自己都感到惊奇的重大发现：用函数空间的点来表示做布朗运动的粒子的路径，可以证明，所有这些路径除了概率为零的集合外，都是连续但又不光滑即几乎处处不可微的。他运用勒贝格积分计算了这些路径上函数的平均值，给出了布朗运动的数学模型，提出了以他的名字命名的数学概念"维纳测度"，揭示了连续而又不可微函数的物理特征，对维纳测度的积分称为"维纳积分"。

维纳对布朗运动问题的研究是有多方面重大理论和实际意义的。

首先，维纳是历史上第一个给出布朗运动数学模

型的人，从而使人们对布朗运动从定性研究转到定量研究，给这个历史上的老问题注入了新生命。

其次，维纳第一次揭示了一种新的科学思想——把勒贝格积分同吉布斯的统计力学思想有机结合起来，可以用于研究由不规则运动组成的复杂现象。

第三，维纳提出的"维纳测度"和"维纳积分"，直接导致了一门新的数学理论——随机积分论的建立，这门新理论后来是由日本数学家伊藤清发展起来的。

第四，维纳关于布朗运动的研究成果后来成为电气工程师的一个必不可少的数学工具。广播、雷达和电视的发展，使电气设备的负荷达到使散粒效应成为严重问题的程度，散粒效应日益引起电气、通讯工程师的不安。这种散粒效应是以不规则运动形式出现的，和布朗运动很相似，因而有着与布朗运动相同的数学根据，可以应用维纳的理论来分析和解决。

维纳对布朗运动的研究是开创性的。通过这项研究，使他深刻体验到了数学的力量，数学对物理现象研究的重大价值。同时，他也检验了自己的数学能力，确立了攀登数学高峰的自信心。

维纳发表了一系列关于布朗运动的开创性论文，然而这些论文当时在美国却没有引起任何轰动。维纳本人十分清楚，"一篇论文引起轰动，不仅取决于论文

内在的价值如何，而且还取决于这个领域中其他工作者的兴趣在哪里。"就美国数学界当时的状况而言，领头数学家是维布伦和伯克霍夫。维布伦对拓扑学感兴趣，想把这门数学理论在美国发展起来，以同欧洲的分析数学平分天下。伯克霍夫是一个分析数学家，他认为自己是美国分析数学无可争议的领袖，不允许别人超过他，因此除了他自己研究的课题外，其余的一切都应打入冷宫。在维布伦和伯克霍夫等权威数学家眼里，维纳只是一名小人物，其研究成果无足轻重。这种情况延续了许多年，直到一代新人的崛起。

维纳的研究成果在欧洲是受欢迎的，引起欧洲一些数学家的兴趣和重视，有的数学家则沿着维纳的思

路深入进行研究。维纳在欧洲的老师哈代给了他很大鼓励；英国数学家泰勒也十分赞赏维纳的工作，他们始终与维纳保持着联系。

法国数学家弗雷歇对维纳的支持有着重要而深远的意义。弗雷歇曾引入函数空间概念，维纳的思想在许多方面是符合他的精神的。弗雷歇比任何人更清楚地认识到维纳测度和维纳积分的创新含义及价值。为了深入开展研究工作，维纳写了封信给弗雷歇，希望做他的一个门生，并一道开展研究工作。弗雷歇回了一封热情的邀请信，他本打算去西班牙度假，维纳的信使他改变了主意，留在法国等待维纳的到来。

弗雷歇身材中等，体格强健，为人热诚，和维纳一样，酷爱散步和旅行，两人在一起相处得很好。每天或者至少隔天，两人都要讨论几个小时共同感兴趣的数学问题。维纳把弗雷歇关于极限和微分

→弗雷歇

的广义理论推广到矢量空间，并给出了一个完整的公理集合。弗雷歇很喜欢它，但并没有留下特别深刻的印象。几个星期以后，当弗雷歇看到波兰著名数学家巴拿赫的一篇论文时，他欣喜不已。这篇文章提出的结果实际上跟维纳给出的一模一样，广义的程度也分毫不差，两篇论文的独创程度是一样的。故这两项工作一度被称为巴拿赫—维纳空间理论。

巴拿赫—维纳空间理论是维纳研究布朗运动问题引申出来的一项重要成果。在研究布朗运动问题过程中，"维纳测度""维纳积分""巴拿赫—维纳空间"等重要概念和理论的确立，标志着维纳已成为一名成熟的青年数学家，已开始进入他的科学事业的黄金时代，他的闪光的名字日益被学术界乃至社会所熟悉。1933年，39岁的维纳当选为美国科学院院士，从此奠定了他在美国科学界的地位。

相关链接
XIANGGUAN LIANJIE

巴 拿 赫

巴拿赫，波兰数学家，1892年3月30日生于克拉科夫，1945年8月31日卒于利沃夫。巴拿赫曾在克拉科夫的买吉洛尼亚大学和利沃夫工业大学短期学习，但他主要靠自学。1920年获博士学位，1922年任利沃夫大学讲师，1927年为教授。成为泛函分析的开创者之一。

第二次世界大战期间，波兰被德国占领，他在一所医学研究所做饲养昆虫的工作，停战后又回到利沃夫大学工作。巴拿赫亦是利沃夫学派的开创人之一。

巴拿赫的主要工作是引进线性赋范空间概念，他建立了其上的线性算子理论，他证明了作为泛函分析基础的三个定理，哈恩—巴拿赫延拓定理、巴拿赫—斯坦豪斯定理即共鸣之定理、闭图像定理。这些定理概括了许多经典的分析结果，在理论上和应用上都有重要价值。人们把完备的线性赋范空间称为巴拿赫空间。

此外，在实变函数论方面，他在1929年同K·库拉托夫斯基合作解决了一般测度问题。在集合论方面，他于1924年同A·塔尔斯基合作提出巴拿赫—塔尔斯基悖论。

牛　　顿

牛顿于1643年1月4日生于英格兰林肯郡格兰瑟姆附近的沃尔索普村。1661年入英国剑桥大学三一学院，在1665年他发现了二项式定理，1665年获文学士学位。随后两年在家乡躲避鼠疫，他在此间制定了一生大多数重要科学创造的蓝图。1667年牛顿回剑桥后当选为剑桥大学三一学院院委，次年获硕士学位。1669年任剑桥大学卢卡斯数学教授

席位直到1701年。1696年任皇家造币厂监督，并移居伦敦。1703年任英国皇家学会会长。1706年受英国女王安娜封爵。在晚年，牛顿潜心于自然哲学与神学。

　　牛顿是英国伟大的数学家、物理学家、天文学家和自然哲学家，其研究领域包括了物理学、数学、天文学、神学、自然哲学和炼金术。牛顿的主要贡献有发明了微积分，发现了万有引力定律和经典力学，设计并实际制造了第一架反射式望远镜等等，被誉为人类历史上最伟大，最有影响力的科学家。为了纪念牛顿在经典力学方面的杰出成就，"牛顿"后来成为衡量力的大小的物理单位。

　　1727年3月31日，牛顿在伦敦病逝，享年84岁。

战争时代的科学研究

> 每一个伟大人物的历史意义，是以他
> 对祖国的功勋来衡量的，他的人品是以他
> 的爱国行为来衡量的。
>
> ——车尔尼雪夫斯基

在第二次世界大战期间，维纳和许多科学家一样，为保卫祖国，尽快结束世界大战，动脑筋寻找能够发挥自己作用的工作。

由于维纳的眼睛高度近视，因此他没有在军队服现役的机会。早在第一次世界大战期间，维纳就想参军，因为视力差，到处都遭到拒绝。后来只得以数学家的身份参加阿伯丁炮兵试验场工作，这项工作涉及武器射程表的设计问题。在阿伯丁炮兵试验场工作的这段时间，维纳对计算工作积累了丰富经验。

二次大战爆发前，维纳曾同电气工程师一起工作很长时间。麻省理工学院的建筑分布有独特的风格，它不是各个系教学楼分立设置，而是用一条长长的走廊把所有的系都连接起来。维纳同各个系都保持着密

→维纳

切的联系，与电机系工程师的联系就更多了，他经常帮助电机工程师用数学方法解决工程技术问题。因此，维纳预料，在战争期间他注定要从事的职业是把计算技术应用于电气工程问题的工作。

开始，他想参与研究数学计算机，并提出过一些设计建议，但均不理想。后来，他又想参加密码设计工作，结果发现自己也不是合适的人选。最终，他找到了高射炮射击控制装置的问题和雷达噪声滤波问题。

在维纳的孩提时代，火炮射击控制问题主要是针对使用海岸炮轰击战舰，由于炮手站台与目标的相对运动比较慢，所以在目标跑出有效射程之前，仍有机会利用手工操作来调整射击的角度。在第一次世界大战期间，飞机的出现已使高射炮射击目标变得困难起来。在射击的时候，飞机的速度很快，必须迅速而准确地估算出提前量。如果估算不准确，那么就会失去再次射击它的机会，因为飞机已经跑出有效射程。

二次大战期间，飞机的性能已大为提高，无论是飞行速度还是转向灵活性都有极大改进。因此，要提高防空能力，必须给高射炮的射击控制系统配备一种相当于射程表的机械装置，它将自动地使高射炮获得对飞机的必要的提前量，以便炮弹和飞机同时到达到同一地方，实现击中目标的预想。初看起来，这是一个纯粹几何问题，但是当进一步深入研究时就会发现，它涉及对飞机未来位置的估算。预测飞机未来位置的问题，在数学上称为外推法问题。

维纳以前从事过的电气工程工作，使他熟悉和掌握了算子活体理论。在某种意义上说，一个算子代表一个装置，它将把某种电输入变换为相应的电输出。算子可以表示成一个变换公式，但是并非所有这种变换公式都能导致算子的物理实在性。超前射击一架飞机的问题，要求用可实现的算子来逼近这飞机的未来

位置。维纳把自己的想法告诉考德威尔教授，他负责把计算机应用于战争问题的工作。考德威尔认为维纳的想法具有重大军事意义，按照战时的惯例，他马上给维纳的思想定为密级，只能在允许的小范围内交流。

此时，预测理论已成为一个政府资助项目，一位叫比奇洛的年轻工程师被指派参与这项工作，这是维纳和他长期合作的开端。

维纳和比奇洛开始试图确定他们的预测方法的范围，他们不是用一条平滑的曲线，而是用彼此相交成一个角度的两根直线所构成的图形来试验他们对活动目标的预测器。试验开始阶段，他们遇到了种种困难。其中一个重要问题是，最佳预测器是指什么？怎样处理不精确的误差和超灵敏度的误差之间的对立关系？

维纳所熟悉的统计思想在这项工作中又起了决定性的作用，他认为，只能在统计的基础上妥善处理这种对立关系。他取每次预测误差的平方，即预测值和

→印有维纳头像的邮票

真值之差的平方。然后取在该装置全部运行时间中的这个平方误差的平均值，并设法使这个平均值减至最小。这样，维纳就把预测问题化为数学中的一个极小化问题。这种数学问题的解决涉及微分方程或积分方程，这些数学知识正是维纳所擅长的，也是他长期感兴趣的。因此，他不仅能列出预测问题的式子，而且还成功地解决了它，解的形式也很简单。

接下来的工作是设计出一种装置用实物实现画在纸上的东西，即把科学技术物化为现实物。这是不难的，必须做的只是制作一个由电感、电阻和电容组成的装置，由一个小电动机来驱动。经过反复试验，维纳的研究取得了成功。

维纳认为："在科学工作中，仅仅能够解决自己的问题，是不够的。还必须把这些问题加以推广，并了解哪些问题已为人们所解决。情况往往是这样的：在解决一个问题时，人们已自动地为另一个他甚至尚未考虑过的有关的问题给出了答案。"

在研究高炮射击的预测理论问题过程中，维纳提出了把噪声和信息分离开来的最佳可行方案。当时雷达技术正面临着种种严重困难，其中一个迫切需要解决的困难，是从噪声背景中检出被混淆的、微弱的信息。把噪声从信息中分离出来，是滤波器的作用。滤

波器是电话工程的产物，仿效电话滤波器来为雷达、电视制作滤波器，却导致了失败，因为将会引起很大的相位失真。其他人虽然知道电话滤波器不适用于雷达和电视，但他们不明白造成这种失效的原因实质所在。维纳认真研究了这个问题，他为从根本上解决这个问题提出了一个简单、紧凑而又合理的方法。随着战争的进行，雷达完善起来，人们把雷达设备直接装在高射炮上，于是实现了跟踪飞机过程的机械化。

维纳对防空火炮射击等问题的预测理论研究，对自动化科学技术的发展有重要的影响。他在这项研究中，提出了从时间序列的过去数据推知未来的维纳滤波公式，建立了在最少均方误差准则下将时间序列外推进行预测的维纳滤波理论。维纳滤波理论在20世纪50年代被推广到仅在有限时间区间内进行观测的平稳过程以及某些特殊的外平稳过程，其应用范围扩充到更多的领域，如气象、水文地质、地震以及计量经济学等。

　　值得指出的是，维纳在第二次世界大战期间参加了火炮自动控制问题研究，并做出了重大贡献。但他对战争武器的研制只限在常规武器范围，超过了这个范围，他是不会参与的。他认为，作为一名科学家应当遵守科学家的道德，不应当参与研制国际道德不允许使用的武器。他说，科学发明像一把"双刃的剑"，既可能给社会带来好处，也可能带来灾难。因此，科学家在进行科学发明时，应当预先考虑这项发明所带来的各种社会后果。

　　1942年，哥伦比亚大学的尤里教授约见他，两人谈到分离铀同位素要遇到的扩散问题，这个问题和研

←哥伦比亚大学

→原子弹在日本长崎爆炸瞬间

制原子弹有关。当时，维纳还不知道美国研制原子弹—曼哈顿计划正在紧张实施之中，和他在一起的许多年轻人都投入了曼哈顿计划。维纳尽管没有参与曼哈顿计划，但他感觉到曼哈顿计划与放射性同位素有关，不是用于制造毒品，就是制造某种特殊的炸弹。对此，他担忧他的控制预测理论会被应用于可控导弹或某种毁灭性的武器上。

1945年8月，美国空军在日本广岛投下第一颗原子弹，炸死20多万人，在长崎投下另一颗原子弹，又使10万多人丧生。消息传到美国国内，科学界震惊万分。包括参与原子弹研制的科学家们都痛苦地呼喊："上帝啊，我们都做了些什么？"一贯反对使用毁灭性武器的维纳更是异常愤慨。他和许多著名科学家如爱因斯坦、奥本海默等人一起，奋起呼吁制止使用原子武器，还尖锐抨击政府当局的一些非人道政策。如果不是维纳享有世界声誉，恐怕早就受到政府当局的非难和迫害了。

相关链接
XIANGGUAN LIANJIE

爱因斯坦

爱因斯坦（1879年3月14日－1955年4月18日），犹太人，是20世纪著名的理论物理学家、思想家及哲学家，也是相对论的创立者，是现代物理学及20世纪最重要的科学家之一。

爱因斯坦1900年毕业于苏黎世工业大学，并入瑞士籍。1905年获苏黎世大学哲学博士学位。曾在伯尔尼专利局任职。苏黎世工业大学、布拉格德意志大学及苏黎世工业大学教授。1913年返德国，任柏林威廉皇家物理研究所长和柏林大学教授，并当选为普鲁士科学院院士。1933年因受纳粹政权迫害，迁居美国，任普林斯顿高级研究所教授，从事理论物理研究，1940年入美国国籍。

19世纪末期是物理学的变革时期，爱因斯坦从实验事实出发，重新考查了物理学的基本概念，在理论上作出了根本性的突破。他的一些成就大大推动了天文学的发展。他的量子理论对天体物理学特别是理论天体物理学都有很大的影响。理

论天体物理学的第一个成熟的方面——恒星大气理论，就是在量子理论和辐射理论的基础上建立起来的。爱因斯坦的狭义相对论成功地揭示了能量与质量之间的关系，解决了长期存在的恒星能源来源的难题。近年来发现越来越多的高能物理现象，狭义相对论已成为解释这种现象的一种最基本的理论工具。其广义相对论也解决了一个天文学上多年的不解之谜，并推断出后来被验证了的光线弯曲现象，还成为后来许多天文概念的理论基础。

爱因斯坦对天文学最大的贡献莫过于他的宇宙学理论。他创立了相对论宇宙学，建立了静态有限无边的自洽的动力学宇宙模型，并引进了宇宙学原理、弯曲空间等新概念，大大推动了现代天文学的发展。

相关链接
XIANGGUAN LIANJIE

哥伦比亚大学

哥伦比亚大学（Columbia University）是世界最具声望的高等学府。它位于美国纽约市曼哈顿，濒临哈得逊河，在中央公园北面。于1754年根据英国国王乔治二世颁布的《国王宪章》而成立，命名为国王学院，是美洲大陆最古老的学院之一。美国独立战争后为纪念发现美洲大陆的哥伦布而更名为哥伦比亚学院，1896年成为哥伦比亚大学。

哥伦比亚大学属于私立的常春藤盟校，由3个本科生院和13个研究生院构成。现有教授3 000多人，学生2万余人，校友25万人遍布世界150多个国家。学校每年经费预算约20亿美元，图书馆藏书870万册。哥伦比亚大学是美国最早进行通才教育的本科生院，至今仍保持着美国大学中最严格的核心课程。它的研究生院更是以卓越的学术成就而闻名。

整个20世纪上半叶，哥伦比亚大学和哈佛大学及芝加哥大学一起被公认为美国高等教育的三

强。至2007年，哥伦比亚的校友和教授中一共有87人获得过诺贝尔奖。此外，学校的教育学、医学、法学、商学和新闻学院都名列前茅。其新闻学院颁发的普利策奖是美国文学和新闻界的最高荣誉。其教育学院是全世界最大、课程设置最全面的教育学院之一。

创立控制论

> 在科学上没有平坦的大道，只有不畏
> 劳苦沿着陡峭山路攀登的人，才有希望达
> 到光辉的顶点。
>
> ——马克思

维纳对科学发展所做出的最大贡献，是创立控制论。控制论是自动控制、电子技术、无线电通信、神经生理学、心理学、医学、数理逻辑、计算机技术、统计力学等多种学科相互交叉、渗透的产物。控制论的思想可以追溯到古代和近代自动机的研制以及社会管理方式的改进，但它产生的直接动因还是第二次世界大战军事需要的刺激。从它的创始人维纳的自述中可以看出，维纳创立控制论大体上经历了3个阶段：酝酿阶段，

形成基本理论阶段，理论的应用和发展阶段。

　　1943年以前，是维纳创立控制论的酝酿阶段，可追溯到布朗运动研究。在研究布朗运动时，他找到了吉布斯统计力学作为研究随机物理现象的工具。而控制论所解决的自动控制系统的问题，正是与随机现象有关。战争期间，维纳参加火炮自动控制的研制工作，建立了滤波理论，为控制论提供了重要数学方法。

　　为了进一步提高自动火炮控制的效果，维纳把火炮自动打飞机的动作与猎人射击飞行动物的行为作了类比。他认识到，无论是自动火炮，还是人狩猎，达到目的的方法之一，是把活动结果所确定的量，返输回控制器，作为重新调节被控对象的信息，由此提出了重要的反馈概念。他把反馈分为正反馈和负反馈两种，正反馈使系统偏离目标，加大系统的震动；负反馈使系统趋于稳定，最终达到目标。自动火炮射击和猎人狩猎，使用的都是负反馈。他指出，就连驾驶一辆卡车这样简单的人类活动，都是通过负反馈调节的，如果司机发现卡车运动偏左了，他就会向右边做出一个校正，反之亦然。

维纳发现，机器和动作一样，其目的性的行为都可以用反馈来说明，这就突破了生命与非生命的界限。1943年，维纳发表了《行为、目的和目的论》，详细阐述了他的反馈概念及在机器、动作活动中的调节作用，这是控制论作为一门新兴理论萌芽

的主要标志。

　　1943年到1948年是维纳建立控制论基本理论体系阶段。维纳深刻认识到，他所从事的研究工作是在多门学科之间的边缘地带展开的，涉及自动控制、计算机、通信工程、神经生理学、心理学、数理逻辑等广泛的学科领域，是一种跨学科的科学研究。完成这项复杂的工作，单凭他个人的聪明才智和知识是远远不够用的。对此，他采取了多学科专家合作的研究方式。

　　著名生理学家罗森勃吕特是维纳的好朋友，两人的关系甚为密切。罗森勃吕特是墨西哥人，对神经生理学很有研究。维纳在研究火炮的反馈控制机制时，曾和罗森勃吕特讨论人的行为的反馈控制问题，特别是当某种反馈过大的变态情况下，人这个系统是否会失去控制，甚至崩溃。罗森勃吕特指出，人的反馈过大的变态称为动作震颤，其病灶往往在小脑。有这种病的人试图做某种行为时，例如拿一杯水，他就越来越厉害地摇晃两手直至倒翻水杯。通过同罗森勃吕特讨论，维纳掌握了人的反馈控制的生理机

→冯·诺伊曼

制，为他创立控制论提供了重要启示。

1944年冬，由维纳和"计算机之父"冯·诺伊曼共同发起，在美国普林斯顿召开了由工程师、生物学家、数学家代表参加的学术研讨会，与会者从各自学科和专业出发，讨论了他们共同感兴趣的问题，其中就有计算机和自动机的控制问题。维纳对自动火炮控制的思想引起与会者的普遍兴趣。

1946年春，由麦克卡洛与梅氏基金会主持，在纽约首次召开了专门讨论反馈的会议。参加会议的有数学家、工程师、心理学家、经济学家和社会学家。会议认为，维纳提出的反馈思想和控制论思想，具有普遍的意义，值得深入研究下去，建议每隔6个月继续举行一次这样的会议。

这两次会议对控制论的诞生起了重要的推动作用，维纳本人在这两次会议上受到了极大鼓舞，他的工作得到来自各个学科领域专家的支持。

1946年夏至1947年秋，维纳与罗森勃吕特在墨西哥国立心脏研究所合作进行神经方面的实验研究，试图建立和解出脉冲沿着一根神经流动的微分方程，用这种方法计算一个脉冲通过时电的分布。维纳提出，一个神经脉冲通过时发生的这种电势的骤升和骤降至少可以分解成3个各别的依次相继的现象。他还与罗

森勃吕特共同研究了神经系统传导的统计理论问题。这些研究工作为他创立控制论提供了重要生理数据和实验基础。1947年春，神经生理学家匹茨和数理逻辑学家麦克卡洛运用维纳的反馈控制思想设计了一台盲人阅读机，以耳代目进行阅读，为控制论的建立提供了有力的科学根据。

1947年，维纳参加了法国南锡举行的调和分析的数学会议，会议中重点讨论了他的关于调和分析方面的研究成果。在法国巴黎，经别人介绍，维纳结识了埃尔芝公司的出版商弗赖曼。弗赖曼告诉维纳，他经营出版业不是为了牟利，而是真正传播知识，发展科学事业。他希望维纳能把控制论方面的研究成果写成一本书，并表示乐于由他的公司出版。维纳答应了他的请求，有一天两人在糕饼店里喝可可茶时，双方确认了出版合同。

1948年，《控制论》一书出版，立刻成为一本科学畅销书，其发行数量和读者的热情使维纳和弗赖曼都感到惊讶。这本书集维纳种种科学思想之大成，出版后获得学术界和社会的高度评价，它使维纳从一个在专业领域有良好声誉的科学家一跃而成为在各个领域都受到关注的知名人士。他开始接到各种邀请，参加各种会议，发表讲演，接待对他的思想感兴趣的来访者，应邀出国讲学。他的名字和他的控制论思想，随着时间的推移日益被不同国家、不同地区、不同领域的人所熟悉和接受。

20世纪50年代以后是控制论的发展时期。1958年维纳出版了《控制论与社会》，1963年出版了《控制论新章》等。在这些论著中，维纳进一步发展了他的控制论思想，使控制论的逻辑体系日趋完整和严谨。与此同时，人们把维纳的控制论推广应用到工程技术、生物学、神经生理学、经济学、社会学、教育学、人口学、文艺学等各个领域，并由此产生出一大批新兴边缘学科，如工程控制论、生物控制论、神经控制论、经济控制论、社会控制论、教育控制论、人口控制论、文艺控制论等。目前控制论还在向许多领域渗透，它与系统论、信息论相结合，以三位一体的方式正在形成一个由众多理论组成的学科群——系统科学。

相关链接
XIANGGUAN LIANJIE

冯·诺伊曼

　　冯·诺伊曼，美籍匈牙利人，1903年12月28日生于匈牙利的布达佩斯，父亲是一个银行家，家境富裕，十分注意对孩子的教育。冯·诺伊曼从小聪颖过人，兴趣广泛，读书过目不忘。据说他6岁时就能用古希腊语同父亲闲谈，一生掌握了7种语言。最擅德语，可在他用德语思考种种设想时，又能以阅读的速度译成英语。他对读过的书籍和论文，能很快一句不差地将内容复述出来，而且若干年之后，仍可如此。

　　1911年至1921年，冯·诺伊曼在布达佩斯的卢瑟伦中学读书期间，就崭露头角而深受老师的器重。在费克特老师的个别指导下并合作发表了第一篇数学论文，此时冯·诺伊曼还不到18岁。1921年至1923年在苏黎世大学学习。很快又在1926年以优异的成绩获得了布达佩斯大学数学博士学位，此时冯·诺伊曼年仅22岁。1927年至1929年冯·诺伊曼相继在柏林大学和汉堡大学担任数学讲师。1930年接受了普林斯顿大学客座教授的职位，西渡美国。1931年他成为美国普林斯顿大学的第一批终身教授。那时，他还不到30岁。1933年转到该校的高级研究所，成为最初6位教授之一，并在那里工作了一生。

冯·诺伊曼是普林斯顿大学、宾夕法尼亚大学、哈佛大学、伊斯坦堡大学、马里兰大学、哥伦比亚大学和慕尼黑高等技术学院等校的荣誉博士。他是美国国家科学院、秘鲁国立自然科学院和意大利国立林且学院等院的院士。1951年至1953年任美国数学会主席。1954年他任美国原子能委员会委员。

1954年夏，冯·诺伊曼被发现患有癌症。1957年2月8日，在华盛顿去世，终年54岁。

建立新的现代科学方法

方法的作用较之其他科学甚至更为重要。

——贝尔纳

维纳不仅开创了控制论这一崭新的研究领域，而且在创立控制论过程中建立了反馈控制方法、信息方法、功能模拟方法和黑箱方法。这些方法作为控制论的方法论中，集中体现了现代科学方法的特征，成为现代科学方法体系的重要组成部分。

反馈是控制论的一个基本概念，维纳称它为控制论的"灵魂"。反馈一词是1920年由贝尔实验室的哈罗德·布朗克首次在文献中使用的，当时是指电子放大器输出信号再回输到其输入端。维纳把这一概念推广到控制系统，用以揭示机器系统、动物和社会系统控制和调节的机制。在控制论中，反馈是指使系统的输出重新作为输入，以影响系统再输出的过程。反馈控制方法，就是运用反馈的作用，用系统活动的结果来调节系统的运动状态。具有反馈调节机制的系统，称为反馈控制系统，它是由施控装置、受控装置和反馈装置构成的闭环系统，如图所示

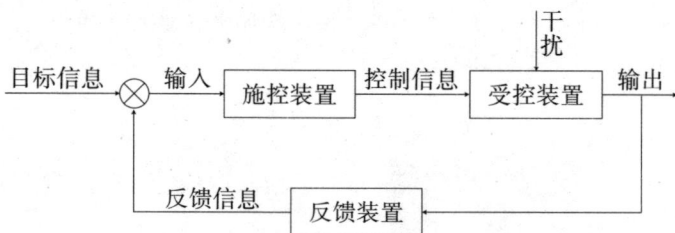

反馈控制系统示意图

反馈控制作为调节系统行为的一种有效方法，具有以下几个显著特点：

（1）目的性。运用反馈控制方法处理问题，必须预先明确对系统控制的目的。总的看来，可把控制目的分为两大类：一是使被控对象保持某种稳定状态；二是使被控对象按照某种要求偏离原来的状态。目的不同，采用的反馈方法也不同。前者采用负反馈方法，后者采用正反馈方法。

（2）闭合性。反馈控制的内在机制是原因和结果的相互作用，原因产生结果，结果又反作用于原因，由此形成一个原因—结果的闭合回路。在控制系统中，

反馈装置就是构建这种回路的中介，它的质量和效率在很大程度上决定着反馈控制的效果。

（3）信息性。在反馈控制系统中，存在着三类信息：输入信息，输出信息，反馈信息。这三类信息的传递及相互作用构成了一种信息系统，因此控制和信息是密不可分的。维纳在研究反馈控制问题时，也深入研究了信息的传递问题。他说："控制工程的问题和通信工程的问题是不能区分开来的，而且这些问题的关键并不是环绕着电工技术，而是环绕着更为基本的消息概念，不论这消息是由电的、机械的，或是神经的方式传递的。"也就是说，任何一个控制系统都是信息系统，反馈主要是指信息反馈，反馈的具体物质和能量形式则是次要的。

随着控制论及其应用的研究进展，维纳的反馈概念又被进一步扩展，出现了前馈概念和技术装置。反馈的作用是在系统运行过程中检出偏差，纠正偏差，但有的受控装置的惯性或滞后现象比较严重，必然要影响到检测偏差和纠正偏差的时效与作用，由此影响系统的控制性能。前馈的作用就是预先测出影响系统运行的干扰，使得在系统的行为发生偏差之前，就采取相应的措施，尽可能克服或减少干扰的影响。如果把反馈回路与前馈回路耦合起来，构成前馈—反馈控制系统，其控制效果更好。如图所示：

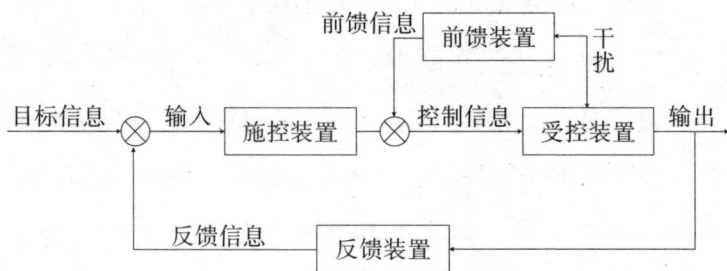

前馈—反馈控制系统示意图

维纳建立的反馈控制方法不仅在工程技术系统中有着广泛的应用，而且在生物学、医学、经济学、管理学和社会学等领域的应用也是卓有成效的。例如运用反馈控制方法分析生命现象，能得到许多用传统方法不能发现的新机制和规律。生物体内的稳定和平衡主要是用反馈控制来实现的，反馈是细胞中代谢控制的基本形式，反馈能使细胞内各种有机物保持相对稳定，而且能量与物质消耗最少。动物体温的恒定也是通过反馈调节实现的，人体内的血压调节实质上也是一种反馈调节。有些控制论学者、生物学家、遗传学家正在尝试运用反馈控制方法对生物的自然选择过程做出更本质的解释。总之，反馈控制方法已成为现代生物学研究的重要科学方法，它的应用直接导致了生物控制论的诞生。

一　申农

维纳在创立控制论过程中还建立了信息方法，信息方法是控制论的基本内容之一，也是信息论的基本内容。一般公认美国贝尔电话研究所的数学家、工程师申农是信息论的奠基人。1948年，申农在《贝尔系统技术杂志》发表了论文"通讯的数学理论"，该文的发表标志着信息论的诞生。

　　维纳对信息论的建立也有独特贡献，他在1948年出版的《控制论》一书中，用相当的篇幅探讨了信息论问题。可以说，维纳也是信息论的创立者之一，只不过申农是从通讯理论方面提出信息论，而维纳是从控制论方面提出信息论的。维纳还独立地提出了度量信息量的公式，并把这一公式运用于研究控制系统。在维纳那里，信息论只是他研究和建立控制论的重要工具。他用信息的观点考察控制系统，发现控制实质也是通讯。他大胆地将通讯中的一些主要概念引入控制论，把不同物质系统中产生有效动作的反馈控制过程都看成是借助信息的取得、使用、保持和传递，以实现其保持自身的内在的稳定性的过程，从而创立了信息方法。维纳的这一重要思想方法不仅对探索自动机和人的真正共同点、研究在这些系统中控制和通讯的共同规律起了重大作用，而且信息方法本身也成了控制论的最基本内容之一。

在控制论中，信息概念有着非常广泛的意义。作为一个新的思想，它是维纳在研究自动机中各种过程的基础上产生的。他坚持认为，无论是机器或是动物控制系统，其共同特点在于，它不是从物质和能量方面，而是着重从信息方面研究控制系统的功能。他揭示，信息是了解有机体怎样工作、自动机怎样工作、人脑怎样工作、社会怎样工作所必须用到的基本模式。总之，对自动机（无论是对金属自动机或是对血肉自动机）的新的研究都是通讯工程学的一个分支，它的基本概念就是关于消息、干扰量或"噪声"、信息量、编码技术等概念。

维纳在控制论中确立的信息观点是一个对科学研究和观察世界的新框架。它不仅使整个伺服机构的理论全盘转向通信工程，使计算机被看成是另一种形式的通信设备，而且引起了一场革命。就像"能量"概念的引入，使人们能够从一个统一的观点来考察自然界中所有的现象，并抛弃诸如燃素说、永动机等的错误理论一样，信息概念又使人们从一个新的统一的观

点来研究自然界中物体相互作用的各种极不相同的过程。控制论通过信息方法将许多不同科学部门——通信理论、预测与滤波理论、追随系统理论、反馈自动调整理论、电子计算机理论、生理学等基本理论统一起来了，并且将这些科学中的各种不同对象当作信息的处理与传递的系统而以一个统一的观点来研究。从而提出了必须广泛地综合和统一这些科学的成就与方法的问题，因此，在方法论上具有巨大的意义。

信息方法不同于传统的经验方法。它用信息概念作为分析和处理问题的基础，完全撇开对象所有的具体运动形式，把系统的运动过程抽象为一个信息变换过程。直接从系统整体出发，用联系、转化的观点，综合研究系统的信息过程。它不需要对事物的整体结构进行解剖分析，而是从其信息的流程加以综合考察，通过信息输入、输出的函数表示，来获得整体复杂的动态相互作用的认识。因此，信息方法是现代科技领域中研究复杂系统的一种重要方法。它为人们提供了研究认识活动的新模式，为实现科学技术、生产、经营管理、社会管理的现代化提供了思想武器。

功能模拟方法是以功能和行为相似为基础，用模型去模仿原型的功能和行为的方法。功能模拟既是对类比方法的更新，更是对传统地把所研究客体在实体上的同质性作为科学抽象基础的思想方法的规范变换，故也称之为"控制论的思维方式"。

在控制论的创建过程中，维纳突破无机界与生命、思维现象之间的壁垒，把不同物质结构的系统都视为一个具有信息变换和信息反馈的功能系统。这种思维方式将人的行为、目的以及大脑的神经活动过程与电子的、机械的运动联系起来，并发现了它们在功能或行为方面的相似性，从而为科学研究开辟了一条崭新的途径。维纳认为，把生命体和机器做类比的工作，可能是当代最伟大的发现。

千百年来，人们都注重于对象内部的具体物质基质、结构形态、运动形式和能量特征的研究。维纳指出，在古代，人们假定气、水、土、火这些宇宙元素依其自身的性质而调节着一切活动和行为。在近代，笛卡尔、莱布尼茨着眼于按封闭式的钟表机械模式来考察他们所构成的自动机

← 笛卡尔

世界，这种自动机只能按机械运动规律做出机械性行为。在维纳之前，也有人试图将机器和动物类比，但这些人由于受传统思维方式束缚，只注重组成事物的物质要素、结构形态、能量特征，忽视事物内部以及事物之间的信息传递，更没有从事物的功能角度考察机器和动物的共同特征，因此这些人的工作都没有达到目的。

维纳突破了传统思维方式，从过去人们只思考："它是什么？"转而去思考："它做什么？"即从行为或功能的角度，对机器、动物以及社会系统进行考察，结果发现了不同系统之间在行为和功能方面有许多相似与相同的规律。他还推广了传统的行为概念，给出了行为的广义定义："行为就是一个实体相对于它的环境做出的任何变化……一个客体的可以从外部探知的任何改变都可以称作行为。"也就是说，无论是机器的输入和输出，还是动物与人的刺激和反应，都可以看作行为。这就深刻揭示了机器和动物两类系统的相似性与统一性。

功能模拟方法是建立在机器和动物的行为相似性与统一性基础上的一种现代科学方法，它在控制论建立过程中起了重要的方法论作用，同时它又是控制论的一个重要内容。

维纳创立的功能模拟方法与传统模拟方法相比具有自己独有的优点：

第一，功能模拟方法以功能和行为为基础，它所模拟的是一切具有控制和通讯功能系统的合乎目的性的行为。而传统的模拟方法是以对象的物理相似或结构与外形的相似为基础，所模拟的是外形和结构。传统的模拟方法要求我们对原型的内部结构、存在形式等方面有所认识，这样才能建立模型，进行模拟实验，这使传统模拟受到很大局限。功能模拟方法巧妙地回避了这种要求。由于在一定条件下，在形式、结构不同的系统中，可以得到相同的行为功能，因此，功能模拟方法不必追求模型与原型的结构相同，也无需对原型内部的物质与个别因素分析认识，这就为模拟方法开辟了一个新的发展领域，使我们可以在不了解对象的内部结构的情况下模拟它的功能。也就是说按照功能模拟方法，人们不需要严格地按照模拟对象的结构和外形就可以制造出各种具有相似功能的装置。

第二，在传统的模拟中，模型只是一种认识原型的手段。在功能模拟中模型既是认识的手段，又是具有目的性的行为，而它本身就是研究的一个目的，就像我们研制电子计算机，目的就在于用它来代替人脑的某些功能一样。

功能模拟方法在科学技术与社会领域中有着重要的作用：

第一，功能模拟使电脑代替人脑的部分思维功能成为可能，为人工智能的研究提供了有效的方法。我们都知道，思维是人脑的最高产物，它具有记忆、判断、选择、演算等智力活动功能。它对客观事物的反映是上述智力活动的一种综合表现。我们现在对大脑的内部结构还不够了解，无法构造一个和人脑具有相同结构、相同功能的模型。但运用控制论的功能模拟方法，采用与人脑功能相似的部件组成电脑，用输入装置模拟人的感受器官（如眼、耳、鼻等），来接受外来信息；用存储器模拟人脑的记忆功能，将外来信息寄存下来，并可随时提取；用运算器模拟人脑的判断、选择、计算的功能；用控制器模拟人脑对整个思维运动过程的有条不紊的指挥与协调；用输出装置来模拟人对外界环境的反映，可以输出计算结果，也可以与其他设备联结，指挥别的机器动作。这5个部件各自具有大脑的部分功能，将它们组成一个整体，以模拟大脑，这就是目前常用的电子计算机，也叫作电脑。

计算机采用二进制进行算术运算或逻辑运算，二进制中的"0"与"1"或逻辑中的"是"与"否"在电路中是利用电子开关的"通"与"断"来描述的。

在人的神经系统中，神经元有"兴奋"与"抑制"两种不同状态，神经脉冲的传递服从"是"与"否"的逻辑规则，也可以用二进制的"0"与"1"来表示。这就是计算机与神经系统的相似之处，也就是计算机可以代替人脑的部分功能的原因。

第二，功能模拟不仅可以模拟人脑的某些智力功能，而且还可以模拟人的多种智力活动及行为。如有一种识别机——苹果分选机，就表现出一种与人挑选苹果十分类似的智力活动及行为。当苹果由传送带送来时，机器的"眼睛"——光学扫描器，观察苹果的颜色和大小；另一个装置像人手一样，开始检查苹果的软硬程度。它们将这些信息转变为电信号，反馈给机器的电脑。电脑将输入的信息与存储的信息加以比较，做出判断，决定苹果的类别，同时启动开关，把这个苹果放入好的或次的分类区内，完成苹果的分选。功能模拟还可以模拟人的决策和计划行为。1959年美国工程师阿瑟·赛谬尔利用一台电子计算机，制造了一架下棋机，战败了他本人；1961年赛谬尔设计的第二部下棋机，在1962年战败了美国某州的棋赛冠军罗伯尼莱。这条新闻当时曾轰动一时。

第三，功能模拟在仿生学中起着重大的作用。我们知道，生物界在亿万年的漫长岁月中，经过自然选

择和适应环境的生物进化过程，形成了许多小巧玲珑的导航、计算、识别以及生物合成等系统，其结构之精巧，反应之灵敏，效率之高，速度之快，可靠程度之大，抗干扰能力之强令人惊叹。如鹰眼可以在二三千米的高空发现地面上的小兔子，螳螂能在0.05秒的瞬间，计算出飞过眼前的小昆虫的飞行方向、速度、距离，从而一举捕获之。生物的这些特殊功能，引起了人们的注意，人们希望在生物界中寻求新技术、新原理和新方法，并利用它们制造一些具有某种生物功能的新型的仪器设备。控制论突破了机器与生物的界限，把目的和行为的概念赋予机器，为机器与生物之间进行功能模拟提供了理论根据。人们可以运用功能

模拟方法、信息方法，分析研究生物系统的控制机制，借助于现代科学技术的成果，研究出许多新型的仪器设备。如人们经过细心的观察发现青蛙眼睛具有奇特的功能。当昆虫在蛙旁边一动不动时，青蛙对它就视而不见，一旦昆虫运动，青蛙就能十分准确而可靠地捕捉昆虫。从研究蛙眼的神经系统可知：蛙眼有四类神经纤维，即四种检测器，它们辨认、抽取视网膜图像的不同特征，将这些景象特征传递到蛙脑的视感中枢——视顶盖，然后由蛙脑做出反应。

人们根据蛙眼的特点，制成了多种蛙眼电子模型，能准确地识别特定形状的物体。把它装在雷达系统中，它能准确地识别出飞机、舰船、导弹等并可预防碰撞

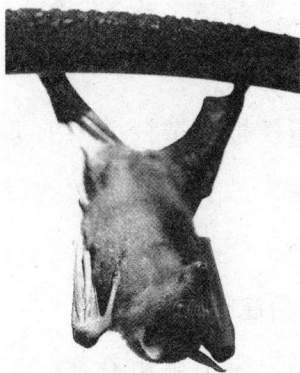

事故，还可以用来跟踪人造卫星。蝙蝠的视力很弱，但是听觉或触觉却很灵敏。实验证明，蝙蝠主要靠听觉来发现昆虫。蝙蝠在飞行的时候，喉内产生超声波，超声波通过口腔发射出来。当超声波遇到昆虫或障碍物而反射回来时，蝙蝠能够用耳朵接受，并能判断目标是昆虫还是障碍物以及距离有多远。人们运用功能模拟方法，用电子、机械装置制成了"声呐"，把这种装置安装在船只、舰艇上，就可根据反射回来的超声波发现隐蔽在水中的潜艇、水雷、暗礁等，还可制成盲人用的"探路仪"和"超声眼睛"。

第四，功能模拟方法为医学、经济、管理等部门的现代化提供了有力工具。近几年来，我国在利用电子计算机进行诊断、治疗疾病方面，取得了十分可喜的进步。计算机模仿名医的医案，不但对某些疾病进行诊断，而且还能提出具体医疗方案，其准确率一般可达90%左右。在经济方面，20世纪50年代初，美国加利福尼亚大学的史密斯教授就用电子模拟装置来模拟资本主义经济体系，分析研究了其稳定性和对各种干扰的反应，并对产生的原因做了分析，取得了一定成果。

此外，功能模拟方法还可以模拟复杂社会中的某些现象，模拟以前无法模拟的系统的合乎目的性的行为和功能。它的应用为人们开辟了模拟生物过程、心理过程、思维活动和社会过程的新途径。

维纳在创立控制论过程中还提出了黑箱概念，并以此概念为基础建立了黑箱方法。1945年维纳在《模型在科学中的作用》一文中指出："所有的科学问题都是作为'闭盒'问题开始的。"这里的"闭盒"就是黑箱，可见黑箱概念是很重要的。控制论在创立和形成过程中，逐渐形成了一个解决黑箱问题的方法——黑

← 美国加利福尼亚大学

→大脑半球外侧面

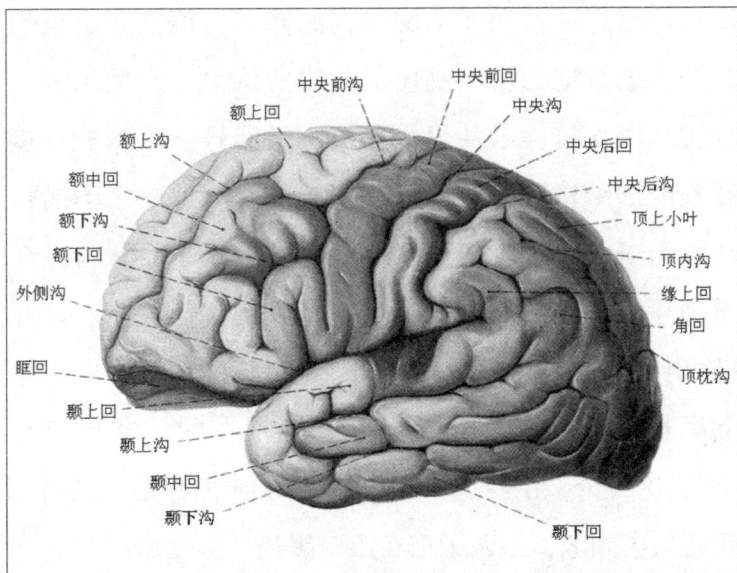

中央前沟　中央前回
额上回　中央沟
额上沟　中央后回
额中回　中央后沟
额下沟　顶上小叶
额下回　顶内沟
外侧沟　缘上回
眶回　角回
颞上回　顶枕沟
颞上沟
颞中回
颞下沟
颞下回

箱方法。它是控制论的主要方法之一。现在黑箱方法在各个领域中受到普遍重视和广泛的应用，并且与现代科学技术手段联系起来，自身也得到了进一步的发展。

黑箱概念是由维纳和艾什比首先提出来的。但它并不是指一只真正的黑色箱子，而是指我们一时还不清楚其内部构造和机理，但可以通过外部的观测和实验，通过从外部的输入和对外输出去认识其功能特性的系统。

例如，人的大脑就可以看作是一个黑箱。人们到目前为止，仍然无法直接观测其内部结构。人们可以用解剖的办法把大脑打开，去分析和观察其内部结构，使我们获得一些关于大脑结构的知识。但这些也只是对失去思维能力的大脑内部结构的认识。人类无法同时实现既保持大脑的思维功能，又能打开大脑去直接观测内部结构。大脑对于我们来说，就像一个不能打开的箱子。这类问题是很多的，像小孩子要开门，在门把手（输入）上左右转动，看看门闩能否被打开（输出），而不必把门锁卸下来了解其内部结构。实际上黑箱问题在日常生活中是普遍存在的。艾什比在《控制论导论》中写道："所在事物实质上都是'黑箱'，我们从小到老，一辈子都在跟'黑箱'打交道。"

黑箱的概念是相对的。一方面，由于人们的认识结构、经验技术等方面的不同，同一事物对不同的人可能是黑箱，也可能不是。如一台收音机，对只会使用其听广播，对其内部结构原理一无所知的人，是黑箱，对收音机内部结构和原理略知一二的人，就是个灰箱；而对无线电专家而言，其内部结构和原理完全清

← 收音机内部结构

楚，则是个白箱。

另一方面，同一事物在不同的历史时期，由于人类的整个认识水平、认识手段和认识能力的提高，开始是黑箱，逐渐地转化为灰箱，乃至于白箱。如人们对物质微观结构的认识，19世纪初，道尔顿提出了原子论，当时人们认为原子是构成物质的最小微粒，是不可再分的。因而原子就是一个黑箱。后来卢瑟福通过实验发现原子是由原子核和电子组成的，使人们对原子结构有了认识。20世纪初人们又发现原子核是由质子和中子组成的。现代科学家们揭示出物质结构比原子更深入的一个新层次——物质是由电子、正电子、质子、中子、光子等基本粒子所组成的。

既然黑箱问题是广泛存在的，那么解决黑箱问题的方法是什么呢？控制论提供了一种认识黑箱的方法——黑箱方法。

所谓黑箱方法，就是不打开黑箱，而利用外部的观察、测试，通过输入、输出信息，来研究黑箱的功能特性、行为方式以及探索其内部结构和机理的一种控制论认识方法。维纳在《模型在科学中的作用》一文中写道："若干可供选择的结构被封闭在'闭盒'中，研究它们的唯一途径是利用闭盒的输入和输出。"就像我们想要知道一个油桶里是否装满油，经常采用的方法并不是打开油桶的盖进行直接观察，而是通过对油桶敲打（输入），听油桶发出的声音（输出），据以判断油桶里油的多少。又如人们在维修和调试收音机时，先给收音机输入一个测试信号，然后看收音机的输出信号，从而分析判断出故障出现在哪个部位，进行维修和调试。这些都是利用了黑箱方法。

根据黑箱方法的原理，人们可以把一个控制系统的运行，看成是由输入到输出的一种变换。常用传递函数或传输系数作黑箱的数学模型：

$$Y（S）=T（S）X（S）$$

这里X是输入，Y是输出，T表示由输入X到输出Y的某种变换或活动。称T为该控制系统的变换算子或传递函数。用方框图表示如下：

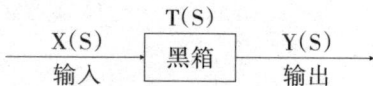

黑箱方法示意

黑箱方法的特点是：首先，它不需要打开黑箱，仅以输入输出方式，对系统进行整体上的探讨，而不像传统方法那样，把系统进行分解再去认识，这样就保持了黑箱固有的结构特点。其次，黑箱方法把系统看成是处在环境中，与环境相互影响、互通信息的系统。通过系统与环境的相互作用来认识系统，这有利

于人们从整体的角度，从综合全局的角度来观察问题。另外，黑箱方法简单易行，它无须对系统复杂结构的认识，只从输入输出方法去考察系统的功能机理。

黑箱概念及方法已渗透到工程技术、社会经济、自然科学、社会科学等领域，并在这些领域中发挥着愈来愈大的作用：

第一，黑箱方法为认知和研究复杂系统开辟了新的途径。现代科学技术的发展，在工程技术、社会经济、生物生态等领域形成了许多大系统，如大型联合企业、输电网、国民经济计划管理、国家各部门的管理系统、人脑组织系统、神经系统等等。因为大系统规模庞大、结构复杂、功能综合、因素众多、系统内部有错综复杂的关系，要详细剖析系统的所有细节是十分困难的。利用黑箱方法，从系统的输入输出特性，来考察和研究系统，则是一个非常可行的途径。如经济学中的投入产出分析就是黑箱方法功能的应用。投入产出分析，主要是指利用投入（输入）产出（输出）表对国民经济各部门间（也可以是部门和企业内部各生产环节）生产和消费相互依存关系所做的经济数量分析和研究。利用投入产出分析，可以分析经济结构，预测经济变化和制定行动规划。

第二，黑箱方法对探索微观世界的奥秘具有重要的作用。为探索原子结构，物理学家卢瑟福所做的散射试验，就是有效地利用了黑箱方法。原子是很小的，它的内部结构人们是无法直接去观察认识的。英国物理学家汤姆逊研究真空放电时，第一次发现电子，并证明电子是原子的组成部分后，提出了第一个原子结构模型。它认为原子是一个球体，正电荷均匀地分布于整个球体中，带负电荷的电子分散嵌在球体的某些固定位置上，它们中和了正电荷，因此原子从整体上看是不带电的。1909年，卢瑟福为研究原子结构，利用放射物质放出的α粒子轰击（输入）金属箔，观测粒子散射（输出）特性。这里就是采用了黑箱方法，如下图所示。

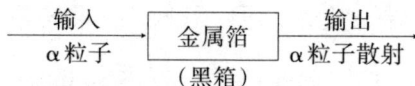

粒子散射观察示意图

按汤姆逊的原子结构模型，卢瑟福设想金属箔的原子没有什么东西能使较重而又高速飞行的α粒子发生大尺度偏转。除了极少数α粒子会稍微偏转外，绝大多数α粒子一定能直接穿透金属箔。实验结果却出人意料，多数粒子直接穿过金属箔，或偏转一个很小的角度，但有少量的α粒子产生很大偏转，有的甚至被反弹回去。从实验中可测定，大约有1/8000的粒子发生大于90°角的大角度散射。这种现象用汤姆逊模型是无法解释的。因而卢瑟福提出了新的原子模型。他认为原子内大部分空间是空虚的，在原子的中心有一个核心，即原子核，它集中原子的全部正电荷和绝大部分质量，而电子则围绕原子核旋转。这样就可对α粒子散射现象做出适当解释：多数α粒子不会碰上或靠近核心，所以它们可以穿透或偏转很小的尺度。一旦α粒子十分接近核心，因为同种电荷相斥，所以它们将发生很大的偏转，甚至被反弹回来。

　　现在研究基本粒子的结构也是采用黑箱方法。利用高能高速的粒子去轰击其他粒子或粒子团，然后观测轰击效应，以此来推断基本粒子的结构。

第三，黑箱方法在研究有生命活动系统方面具有独特的作用。人脑组织、人的神经系统的研究，用传统的方法进行解剖分解会遇到许多困难和矛盾，而运用黑箱方法，就可以在不破坏生命活动的情况下，利用系统的输入和输出，来研究系统的特性和功能。巴甫洛夫研究神经系统的活动就是一例。他用狗做实验，用光、铃或其他声音作刺激信号，给狗大脑输入，同时给以食物，把狗的唾液分泌情况看成是大脑的输出。根据唾液分泌情况，可以推断大脑皮层的神经中枢里兴奋发生的情况。

研究人的行为特性和脑功能特性也是采用黑箱方法。如通过对人脑输入图像、电或声音信号，观测分析脑电波的输出反应，研究人脑对视觉或听觉信息的传递、变换和处理功能，从而得知系统内部的细节。

黑箱方法对目前人们尚不能打开的黑箱的研究也是十分重要的。如对地球内部结构的研究，我们迄今还不能直接观察地心深处的情况。我们用钻机打洞的办法，也只能取到几十公里深处的岩层样品，而对更深的地层结构是无法直接观测的。现在人们利用地磁、地电、地变形、地球化学、超声波等方法去观察和分析，建立了关于地球深处情况的模型。

相关链接
XIANGGUAN LIANJIE

申 农

申农，美国应用数学家。1916 年 4 月 30 日生于美国密歇根州盖洛德。他从 1941 年起，在美国贝尔电话实验室工作，1948 年发展了后来称为信息论的通信数学理论；1957 年任马萨诸塞州理工学院通信科学和数学教授。他是美国艺术和科学院院士、国家科学院院士。

申农在 1948 年出版的《关于通讯的数学理论》一书中，建立了通信的一般模型，给出了表示信息量的精确量度，并在此基础上处理了信道容量、编码和编码的效率、噪声对通信可靠性的影响等问题。他的工作开拓了通讯理论的定量研究，给现代通信理论奠定了基础，在自然科学和社会科学的许多部门发生了巨大影响，给它们处理所研究的对象中的信息过程提供了信息论方法，从而发展了一种新的科学研究工具。

相关链接
XIANGGUAN LIANJIE

笛 卡 尔

　　笛卡尔，1596年3月31日生于法国都兰城。笛卡尔是伟大的哲学家、物理学家、数学家、生理学家。解析几何的创始人。笛卡尔是欧洲近代资产阶级哲学的奠基人之一，黑格尔称他为"现代哲学之父"。他自成体系，熔唯物主义与唯心主义于一炉，在哲学史上产生了深远的影响。同时，他又是一位勇于探索的科学家，他所建立的解析几何在数学史上具有划时代的意义。笛卡尔堪称17世纪的欧洲哲学界和科学界最有影响的巨匠之一，被誉为"近代科学的始祖"。

相关链接
XIANGGUAN LIANJIE

道　尔　顿

　　道尔顿，英国化学家、物理学家、近代化学之父。1766年9月6日生于英格兰北方坎伯雷鹰田庄，1844年在曼彻斯特过世。

　　他才智早熟，12岁就当上了教师。1778年在乡村小学任教；1781年15岁应表兄之邀到肯德尔镇任中学教师，在哲学家高夫的帮助下自修拉丁文、法文、数学和自然哲学等并开始对自然观察，记录气象数据，从此学问大有长进；1793年任曼彻斯特新学院数学和自然哲学教授；1796年任曼彻斯特文学和哲学会会员；1800年担任该会的秘书；1817年升为该会会长；1816年选为法国科学院通讯院士；1822年选为皇家学会会员。1826年，英国政府将英国皇家学会的第一枚金质奖章授予了道尔顿。

　　道尔顿在1787年26岁时对气象学发生了兴

趣，6年后发表了一本有关气象学的书。对空气和大气的研究又使他对一般气体的特征发生了兴趣。通过一系列的实验，他发现了有关气体特性的两个重要定律。第一个定律是道尔顿在1801年提出来的，该定律认为一种气体所占的体积与其温度成正比（一般称为查尔斯定律，是根据法国科学家查尔斯的名字命名的。他比道尔顿早几年发现了这个定律，但未能把其成果发表出来。）第二个定律是1801年提出来的，叫作道尔顿气体分压定律。

1804年道尔顿就已系统地提出了他的原子学说，并且编制了一张原子量表。但是他的主要著作《化学哲学的新体系》直到1808年才问世，那是他的成功之作。他在晚年获得了许多荣誉。

难忘的中国之行

一个人如果被隔绝于世，接触不到与他有同样兴趣的人，那么，他自己是很难有足够的精力和兴趣来长期从事一项研究的。

——贝弗里奇

维纳是现代社会中具有通才型知识结构的典型科学家，他不仅是著名数学家，在数学领域做出了突出贡献，而且还精通自动化理论、生物学、物理学和逻辑学，同时对语言学、化学、经济学、社会学、法学等也有深刻的了解。他广泛地涉猎各种学科的知识，是他创立控制论的重要条件。

维纳喜欢到各国游历，通过游历进行国际学术思想交流，以开阔自己的知识视野。他一生中多次到过欧洲访学或讲学，还到墨西哥、印度、日本、中国等国家进行讲学或合作研究。中国之行对他来说是最难忘的。在《我是一个数学家》一书中，他以专题"中国和世界"用较多篇幅介绍了中国之行的具体细节及感受。他是1935年8月至1936年5月在我国清华大学讲学的，被聘为清华大学电机系和数学系教授。除讲课外，他致力控制机制问题研究，为他后来创立控制论奠定了重要基础。维纳认为，1935年的中国之行是他从一个数学家转向控制论专家的分界线，是创立控制论的起点。因此，和到其他国家游历相比，中国之行在维纳的一生中有着极为特殊的意义。

　　维纳来中国讲学和从事控制机制问题研究，是与我国学者李郁荣与他的长期合作研究分不开的。

← 清华大学主楼

　　1930年，维纳在麻省理工学院遇见了李郁荣。当时，维纳正在考虑利用傅立叶级数研究电路分析问题，这是一条新的路子。他去找电气工程师布什，看能否介绍一名电气工程专业的优秀学生，在他的指导下写一篇论文，作为这名学生的博士论文。维纳想通过这篇论文体现自己的思想，同时从中掌握一些电气工程方面的专业知识。于是布什就推荐了李郁荣，李郁荣爽快地接受了这个建议，从此开始了两人的长期合作。在维纳的科学生涯中，他和李郁荣的合作有着有重要地位，他在《我是一名数学家》一书中写道："布什把李给我当研究生，这是布什替我做的最好的事情之一，我永远感激他让李在我指导下进行研究。"足见李郁荣对维纳工作的重要性。

→ 维纳（前排左四）在清华讲学时留影

　　李郁荣在撰写博士论文的同时，尽可能地协助维纳做一些工作。当时维纳刚完成可调的校正网络研究工作，这项工作对于提高无线电和电视的传播效率有重要意义。李郁荣发现维纳在这项装置中使用的零件能够同时完成几种功能，于是他帮助维纳把原来的庞杂松散的装置改造成为一个设计精巧而又经济的网络器。在李郁荣的奔波下，他们的发明在专利局注了册，并卖给了贝尔电话实验室。然而，贝尔电话实验室垄断了这个专利后，并没有真正应用它。

　　在维纳的指导下，李郁荣完成了博士论文。维纳曾尽一切努力为李郁荣在美国电气工程业谋取一个职位。尽管李郁荣学业优秀，才华出众，但当时美国经济正处于萧条时期，失业大军日益扩大，来自东方国家的人更难以找到合适的职业。李郁荣只好回中国谋职，被任命为清华大学的电气工程学教授。

　　李郁荣回国后念念不忘维纳，在他的建议下，1934年至1935学年期间，清华大学以校方名义向维纳发出邀请函，请他来校讲学。接到邀请函后，维纳立即做出去中国的决定，尽管他的两个女儿还很小，一个7岁，另一个5岁。

　　维纳对未来的中国之行是充满激情的，他绝不只是为了旅行而出国游历，而是把知识世界看作一个整

体，认为每个国家不管其世界地位如何，都有其优秀的文化传统。他一贯反对地区的、民族的各种偏见，特别反对当时对东方民族和东方文化的歧视。他说："我迫切希望亲眼看看这些非欧国家，通过直接考察来了解他们的生活方式和思想方式。在这一点上，我妻子完全赞同我，民族和种族的偏见对于她，就像对于我一样，始终是格格不入的。"

　　1935年8月，维纳和妻子带着两个小孩乘轮船经日本到达中国塘沽码头。李郁荣亲自等候他们，一同乘火车前往北平。在清华大学，维纳受到热情接待，生活安排是十分周到的，还为他请来了汉语教师，他的两个孩子被送到燕京大学支持开办的一所小学。数学系主任熊庆来教授请维纳一家和数学系全体人员到

→ 清华大学

颐和园的庭园里野餐。每个人都能讲英语，气氛是相当和谐和民主的，人与人之间自由地相互交谈，公务员们也没有被排除在社交之外，这在美国社会是难以见到的。

熊庆来教授还邀请维纳一家到家中做客。在那里他看到板壁上挂满了各种油画，都是灵巧传神的鱼、虾、蟹和其他水生小动物的画，简直是一个赏心悦目的现代中国画的博物馆。维纳为中国人表现出的温柔亲切感和审美力所感动，亲身目睹了中国的绘画艺术，体验了中国艺术的伟大魅力。菜肴是相当丰盛的，那20多道菜使他感到烹调在中国也是一种艺术。用他自己的话说就是："从中国的绘画到中国的宴会，只是一步之遥，因为烹调像绘画一样也是一种中国的艺术。"

维纳在清华大学主要讲授广义调和分析和拟解析函数，这两门数学理论正处于产生之后的发展时期，可算得上是前沿数学理论。他用英语讲课，所有的学生都能容易地听懂。这些学生后来大都在中国和美国的大学里任教。

在中国期间，维纳和李郁荣继续研究电路设计问题。当时他们试图改进模拟计算机，他们曾思考这样一个问题：设计一种装置，使其输出作为一个新的输

→阿达玛

入反馈至该过程的开始处，由此再影响其输出。这实际上就是反馈控制装置。维纳和李郁荣虽然没有完成模拟计算机工作，但他们在研制过程中提出的反馈控制思想，却导致了控制论的诞生。正是在这种意义上，维纳把1935年作为他从一个数学家转向控制论专家的分界点。

在清华大学讲学期间，他拜见了来华讲学的法国著名数学家阿达玛。在以前的欧洲之行中，他曾见到过阿达玛，并产生深刻印象。这一次在中国重逢，维纳十分兴奋。阿达玛教授已经70岁，他向维纳追忆了法国数学昔日的黄金时代，他本人就是法国数学黄金时代的代表人物。可惜的是，第一次世界大战后，法国数学逐渐衰退下去，代之而起的则是以克莱因、希尔伯特为代表的德国数学黄金时代。

维纳在闲余时间对中国的政治、经济和社会生活进行过认真观察。他认为北平是一个具有悠久艺术和文化传统的古都，富有魅力。

1935年8月将在挪威的奥斯陆召开国际数学家大会，为了参加这次大会，维纳结束了长达一年多的中国之行。在去奥斯陆的途中，他又顺路在法国、英国、瑞典、丹麦拜访了一些著名科学家。

←挪威首都奥斯陆

相关链接
XIANGGUAN LIANJIE

阿 达 玛

阿达玛（1865年12月8日-1963年10月17日），法国数学家，最先证明了素数定理，即当n趋于无穷大时，π（n）是不大于n的素烽的个数。他先后任安西学院（1897-1935）、巴黎综合工科学校（1912-1935）和中央工艺和制造学院（1920-1935）的教授。他早期研究复变函数论，对整函数的一般理论以及用级数表示的函数的奇点理论有重要贡献。

1896年，他与比利时数学家C·J·普森各自独立地证明了素数定理。他在数学物理偏微分方程方面也取得了重要成果。他的著作《变分法教程》对于泛函分析近代理论的奠定打下了基础，"泛函"一词就是他首先使用的。图像信号处理中的离散沃尔什—阿达玛变换，就是此人。

独特的数学教育思想

独创性不是天才可有可无的东西，而是天才必要的属性，是区别天才和单纯的才能或才赋的界限。

——别林斯基

维纳以其独创性在科学中做出了卓著贡献，成为举世闻名的数学家、控制论创立者。同样，作为一名数学教师，他十分重视对学生独创精神的培养，并以独特的教育方式和教学方法努力提高学生的数学创造能力。

在维纳40多年的数学教学生涯中，他始终坚持并努力实践他的主张："教育学科学的高年级学生的最好

的也是唯一的办法是同他们一起投身一个共同的事业。"

维纳在教学过程中从未间断科研。他给大学高年级学生的讲课往往够得上讨论班的水平，其内容有些是他以前的研究成果，有些则是他正在从事的研究课题。有时干脆在课堂上叫学生看他做研究。他不像许多教授那样非常敏感地对待新问题的所有权，而是习惯于慷慨地向所有听他讲课的学生散布他的思想的种子。在学生的心目中维纳是一位激励人心的老师。

维纳不仅在课堂上和学生共同探讨研究课题，并且还经常和学生一起散步、爬山、下棋。在轻松的交谈中，引导学生考虑他们的工作是怎么回事。他总不放过午饭后和学生一道打桥牌的机会。他说："我不认为我自己或者学生们浪费了这些时间，因为我们总是利用打牌的机会进行

← 维纳和学生在下棋

范围广泛的讨论，可能是海阔天空的闲谈，也可能真正讨论各种想法。"这种交谈对于创造型人才的培养是十分有益的，它为学生提供了发挥才智的机会。

通过与学生一起投身数学研究。维纳发现、吸引了一批新秀，对他们加以精心培育，在他之后荣获博赫尔奖的莱文森就是其中的一个。这位原是电机工程系的学生，在维纳班上听高等数学。维纳发现他能理解自己正在研究的课题，就把《复域上的傅立叶变换》一书的手稿交给他帮助修改。莱文森发现了一处漏洞，并证明了一条引理以弥补这个漏洞。维纳对学生的怀疑和创新精神十分赞赏，立即坐到打字机旁亲自打下了这条引理，并署上学生的名字寄给一家杂志去发表了。维纳发现莱文森在数学上很有培养前途，就建议

他从电机系转过来学数学。当维纳感到他已经得到了当时能从自己这里获得的一切，便又把他送到著名数学家哈代门下深造。

维纳"投身共同事业"的数学教育思想培养了一批又一批具有独立思考与创造能力的学生，他们迅速走上数学发展的前沿，并把数学作为他们一生的事业。

维纳从自己成长为一个数学家的亲身经历中，形成了一套指导学生科研的思想方法，其核心是引导年轻的研究者直接进入数学前沿。

维纳的科学生涯开始得很早，但他的有为之年却持续到很晚，当他变得举世闻名时已年过半百。在数学家生涯的曲折道路上，他经历了许多考验。他以此

维纳（右一）和李郁荣（左一）于1955年，在麻省理工电子研究实验室。

告诫青年数学家，知识方面的成就带有一种意料中的风险，在许多情况下甚至带有意料不到的风险。但是有一件事情却是肯定的：不进入数学前沿，开拓新领域和新问题，就不可能有辉煌的业绩。

针对许多已经显示过才能的年轻数学家常常在写出一二篇有前途的论文之后就像昔日的体坛英雄一样湮没无闻，维纳指出，一个年轻的数学工作者必须把他创造力达到登峰造极的那短暂的青春奉献于发现新的领域和新的问题，这样才能干出一番绝不是平淡无奇的事业。因为，新的领域，新的问题是那样的丰富，那样激发人的兴趣，就是终其一生也很难把它们研究透彻。否则，会在名噪一时，初露锋芒之后，就是寂寞的一生。

维纳对他的学生十分关怀，时刻关注着他们的研究工作，经常亲自出主意，帮助他们直接进入前沿。中国留学生李郁荣是维纳最器重的学生和助手，由于第二次世界大战，他整整10年脱离了科学前沿。当维纳千方百计使他重新回到自己身边做研究的时候，他已经是一位时代的落伍者。按照常规，李郁荣至少得花一到两年时间来"补课"，这在一定程度上是非做不可的。但维纳认为，在当时的情况下，这并不是最佳办法。因为浩瀚的新材料会使李郁荣在智力上消化不

良。他还必须和年轻一代竞争，而后者已在这个领域发展的同时轻松地学习并掌握了有关知识。他为李郁荣制订的方案是，直接进入前沿。他向李郁荣指出："避免在这场比赛中惨败的一个方法是，故意走在这比赛的前面，从而在别人往前赶的时候争得几年领先时间。"

维纳具体交给他两项任务，一是从他仅仅大略勾画出的那些思想引出各个具体的关于通讯和工程的结论；二是向后来称之为控制论的那个领域的广大工程师解释这些东西。由于李郁荣习惯于与维纳一起工作，对他的思路和写法了如指掌，忙了几年就非常出色地完成了这两大课题。这样，10 年隔绝所造成的种种困难便成功地被克服。李郁荣在这些新方法上的领先使他赢得了"补课"的时间。

不仅如此，维纳还认为，李郁荣跨入新领域前沿的这项工作还给他提供了一些特殊的问题，他能以此作为试金石，检验对前几年间的研究工作的理解和熟悉状况。维纳提出的这种跳跃式地进入前沿，再回过头巩固基础的科研方法，是对"循序渐进""温故而知新"传统做法的绝妙互补。

在推崇密集进攻，普遍相信科学的个人时代已成为过去的大趋势下，维纳坚持逆着时代的主流游泳，坚信"事实很可能是，真正独创性的科学工作有 95% 是由职业科学家中不到 5% 的人做出的"。他把独创精神看作科学的生命，

并以此作为带博士生的指导思想，把博士论文看作是有活力的创造性工作的入门。他强烈反对把攻读博士学位作为智力训练的模型。他认为，在科学的创造性工作的初始阶段，学生本应具有一种强烈的愿望去创造一些东西，并将它们公之于世，现在却变成服从于寻求博士学位论文题目或者其他类似的学徒门径等形式化的要求，这就本末倒置了。其结果是，"让我们看到这样的数学论文，它虽然正确而优美，但无血无肉，又无灵魂。"

维纳对这样内容贫乏而肤浅不堪的论文痛心疾首："常常使我愤怒，并使我失望和悲伤的是，规模宏大的学校情愿要模仿性的东西，而不要独创性的东西；他们爱好的是能够大量复制的平淡无奇的东西，而不是

崭新的有动人力量的东西；他们宁可要干巴巴的正确性和在范围、方法上的局限性，而不要那种从处处看来都是新颖和美好的东西。"在同这种平庸陈腐占上风的倾向的艰苦的斗争中，维纳始终以创新为准则指导学生做研究。

　　维纳给博士生建议的课题往往是他的研究所面临的新问题，不仅有重要的科学价值，而且是高难度的。维纳给他的学生提示解题的线索，然后由他们完善他的方法，发展他的思想。

维纳从 H·玻尔的概周期函数理论中给他的第一位博士生马肯豪普特出了一道论文题目，指导他成功地把这些函数作为有效工具运用于振动问题的定量研究。他的论文突出体现了维纳注重于纯数学的应用的特色。日本留学生池原志恒在其论文中完成了维纳有关素数理论的方法。这一成果引起了兰道等著名数学家的关注，推进了数论的发展。被维纳称为"极为稀罕的非凡人物"。李郁荣也是在他指导下完成博士论文的。他按照维纳的思想设计实验，提出很好建议，发展了他的某些工程思想。他们的两项成果作为重大发明而获得了专利。

维纳强调博士论文必须有创造性，同时坚持它仅仅是研究工作的入门，是"一个工匠为取得本行业师傅的资格的一项指定的工作"，因此不能把博士论文看作一个人的全部标准。一个学者在他的一生中如果没有多次超过这个水平，那他就是一个十分拙劣的师傅。他指出："只有当一个人把他的论文丢诸脑后，不必为满足将来一些形式上的要求而烦恼时，他作为一个自由的人，以他的任务本身为目标，而不是以某种学术和社会地位为虚伪的目标，才能做出最好的成绩来。"